张福延 曲仲湘 徐永椿 任玮 曹诚一 薛纪如年谱

张福延
曲仲湘
徐永椿
任玮
曹诚一
薛纪如

云南林业科学教育的先驱和开拓者

张福延：中国林业事业的先驱者，著名教育家，
中国森林经理学学科创始人之一，白族语言学家

曲仲湘：中国环境科学的先驱者，著名教育家、植物生态学家、
环境科学家

徐永椿：著名林业教育家、树木学家

任　玮：著名林业教育家、森林病理学家、真菌学家

曹诚一：著名林业教育家、昆虫学家

薛纪如：著名林业教育家、竹类学家

王希群　董　琼　宋维峰　王安琪　郭保香 ◎ 编著

中国林业出版社
China Forestry Publishing House

图书在版编目（CIP）数据

云南林业科学教育的先驱和开拓者 / 王希群编著. -- 北京 :
中国林业出版社，2019.8
ISBN 978-7-5219-0304-1

Ⅰ. ①云… Ⅱ. ①王… Ⅲ. ①林业—科学工作者—生平事
迹—云南 Ⅳ. ①K826.3

中国版本图书馆CIP数据核字(2019)第228034号

中国林业出版社
责任编辑 李 顺 陈 慧
出版咨询 （010）83143569

出 版 中国林业出版社
（100009 北京西城区德内大街刘海胡同 7 号）
网 站 http:www.forestry.gov.cn/lycb.html
印 刷 固安县京平诚乾印刷有限公司
发 行 中国林业出版社
电 话 (010) 83143500
版 次 2019 年 10 月第 1 版
印 次 2019 年 10 月第 1 次
开 本 787mm×1092mm 1 / 16
印 张 10.25
字 数 200 千字
定 价 80.00 元

张福延、曲仲湘、徐永椿、任玮、曹诚一、薛纪如年谱

云南林业科学教育的先驱和开拓者

编著者

王希群　中国林业科学研究院

董　琼　西南林业大学

宋维峰　西南林业大学

王安琪　旅美学者

郭保香　国家林业和草原局林产工业规划设计院

集合同志，

共谋中国森林学术及事业之发达！

一九一七年二月十二日

前言

1921 年 3 月，《森林》创刊号刊登杨惠《提倡云南林业之步骤》一文中是这样说的："天生吾滇一片好河山，岗岭绵延，江河环流，土地肥美，民俗勤朴，物产丰饶，凌驾中土"。云南是祖国的一片乐土，一块圣地，在过去一个多世纪中，一批优秀的中华儿女或生于斯，或长于斯，或成就于斯，云南林业科学教育的先驱和开拓者张福延（张海秋）、曲仲湘（曲桂龄）、徐永椿、任玮、曹诚一、薛纪如就是这样的中华儿女。

张福延：中国林业事业的先驱者，著名教育家，中国森林经理学学科创始人之一，白族语言学家；

曲仲湘：中国环境科学的先驱者，著名教育家、植物生态学家、环境科学家；

徐永椿：著名林业教育家、树木学家；

任　玮：著名林业教育家、森林病理学家、真菌学家；

曹诚一：著名林业教育家、昆虫学家；

薛纪如：著名林业教育家、竹类学家。

徐永椿、任玮、曹诚一、薛纪如四位先生在中华人民共和国成立之前就来到云南大学任教，在中华人民共和国成立之后成为西南林学院（现西南林业大学）教授，是学校"四大名师"，这决非偶然，而是他们几十年如一日艰苦奋斗、致育致学的精神所致。

作为史籍中的一种，年谱是一种文化现象，更是一种国家记忆和文化遗产。1922 年 1 月 21 日胡适先生在《章实斋先生年谱》序中说："我是最爱看年谱的，因为我认定年谱乃是中国传记体的一大进化"。编撰云南林业事业的先驱和开拓者《张福延 曲仲湘 徐永椿 任玮 曹诚一 薛纪如年谱》是我和宋维峰兄 2008 年一起做开蒙垦殖考证时，被他们的精神所感染而启动的一个工作，开始系统收集整理他们的生平事迹，而这一工作的艰辛可想而知。林业是一个十分艰苦的行业，林业精神就是艰苦奋斗的精神，而他们的精神就是艰苦奋斗、致育致学的精神，在收集资料的过程中，他们的这种精神推动着我们向前、向前、再向前。

宋维峰、董琼是西南林业大学的青年才俊，是云南林业科学教育的先驱和开拓者艰苦奋斗、致育致学精神的直接感染者。

王安琪留学美国，负责过多个林业项目资料的收集和整理，有良好的史学和计算机功底，这次全力帮助整理相关史料及部分内容的编写工作。

郭保香是九三学社社员，是曲仲湘、任玮年谱的主要作者。

云南林业科学教育的先驱和开拓者年谱是中国林业国家记忆和文化遗产的重要组成部分，是林业史学研究的重要基础材料。祖国的每一块土地都是美丽的，都需要珍惜、研究和爱护。在我国西南边陲地处云南的这块美丽土地上，张福延、曲仲湘、徐永椿、任玮、曹诚一、薛纪如德高望重，他们热爱祖国、热爱人民、热爱边疆、热爱教育、热爱林业，是中国学术界颇负盛名的科学家，他们把热血洒到了云南这片热土，在各自的研究领域都有自己独特的成就和贡献，都工作到生命的最后一刻，这是一种精神，一种能力，一种动力，一种境界，是永远值得我们学习和发扬的。种树务林，乃林业工作之根本，是其他部门不会干也干不好的事业。林业有区域性、规模性、长期性三个本质特性，因此需要更多的付出才能取得一点成果。实际上，他们的足迹就是云南林业教育科学的见证，我们所走的中国林业现代化道路或多或少都是他们足迹的延续，在林业发展的今天，更加需要把这个足迹延续到加快林业发展、建设生态文明、打造美丽中国的新时代国家现代化发展大道上，保护好云南这片圣地，实现绿水青山、蓝天白云。

为了便于和史料相对应，《张福延年谱》和《曲仲湘年谱》中，张福延和张海秋、曲仲湘和曲桂龄同时出现，特此说明。

王希群于中国林业科学研究院

2019 年 1 月

目录

张福延年谱

张福延（自中国农业大学）

• 1891 年（清光绪十七年）

是年，张福延（Zhang Fuyan）生。张福延，字海秋，白族，云南省剑川县城西门张家冲人，妻子杨如顺，有哥张鹤秋。张海秋故居位于云南省剑川县西门街南巷，故居内一弧形顶棚建筑，非常别致。

• 1908 年（清光绪三十四年）

是年，张福延考入云南丽江府中学堂。云南丽江府中学堂创办于 1905 年，1913 年更名为云南省立第六师范学校。

• 1911 年（清宣统三年）

是年，张福延由云南丽江府中学堂转入云南省大理省立第二模范中学堂。

10 月 10 日，武昌起义打响第一枪，开启了民主共和新纪元，为中国现代化隆重破题，前后的系列事件对中国的现代化进程具有重大影响。它不只是因为辛亥革命标志着帝制的终结和共和的开始，而且是标志着中国从传统社会进入了“三千年未有之大变局”的历史新时代[1]。

11 月，云南军都督颁布《云南森林章程》。《云南森林章程》共包括 7 章 61 条，对云南省境内的森林资源进行了划分，明确制定了森林保护的细则和对破坏森林等违法行为的惩处规定。该章程是我国历史上第一部完整的林业法规。

• 1912 年（民国元年）

1 月 1 日，南京临时政府成立，1 月 5 日举行内阁第一次会议，其组织方法依照《中华民国临时政府组织大纲》规定。

是年，唐有恒调任北京农林部部员、技正，4 月担任农林部农政专门学校校长兼中央农事试验场场长。

• 1913 年（民国二年）

2 月，云南军政当局在云南省立第一中学附设留日预备班，在昆明招收学生 40 名，以备送往日本学习自然科学和社会科学，如采矿冶金、应用化学、建

[1]《新京报》. 辛亥风云（100 个人在 1911）[M]. 太原：山西人民出版社，2012：序言.

筑、农科、商科、医科等专业。学生来源由云南省内中等以上学校学生投考，取录后，先补习 10 个月，从 1913 年 2 月起至同年 12 月结业，即送往日本，学习课程以日语为主，其他科目如英文、数学等也在补习之列，负责补习生的管理事务由英法专修科办事官李存珖担任。考取云南留日预备班有李耀高、苏廷桢（民生）、胡邦翰、刘国澍、廖方新、李德和、刀成英、黄福生、刘辉光、张德辉、倪守仁、邓晶、戚景藩、赵良壁、张福延（海秋）、杨振坤、饶发枝、杜家瑜、段世德、杨宝昌等。张福延同年冬公派日本留学，在东京高等预备学校习日文。

7 月，农林部京师农政专门学校第一班毕业，有云南云龙州天耳井何复泰（字永安）等。

• 1915 年（民国四年）

是年，张福延考取东京帝国大学农学部林科。

是年，江西高等农林学校更名为江西公立农业专门学校。

是年，农商部农政专门学校改组为农商部农林传习所，唐有恒继续任所长，任职至 1923 年。

是年春，江南高等农业学堂改名江苏省立第一农业学校，设置农、林两科，过探先（1887 ~ 1929 年）任校长，陈嵘任林科主任。

• 1917 年（民国六年）

1 月 30 日，由陈嵘、王舜臣、过探先、唐昌冶、陆水范等发起组织成立中华农学会，并在上海江苏教育会召开成立大会，宗旨是“研究学术，图农业之发挥；普及知识，求农事之改进”，公推张謇为名誉会长，陈嵘被选为第一任会长。

2 月 12 日，中华森林会在上海成立。金陵大学林科主任凌道扬发起组织成立中华森林会，得到江苏省第一农业学校林科主任陈嵘及林学界其它人士，如金邦正、叶雅各等的支持，宗旨是“本着集合同志，共谋中国森林学术及事业之发达”，凌道扬任理事长。

• 1918 年（民国七年）

是年，张福延从东京帝国大学农学部林科毕业回国，受聘于江苏省立第一农业学校任林科教员，同年加入中华农学会和中华森林会。张福延在江苏省立第一农业学校先后开设森林经理学、林产制造等课程，编写《森林经理学》《森林计算学》教材和《林产制造学讲义》。

• 1919 年（民国八年）

3 月，张福延《中国出产与输出漆汁漆油》刊于《中华农学丛刊》1919 年第 2 集 18 ~ 21 页。

• 1920 年（民国九年）

12 月，东南大学成立，民国十六年改称国立第四中山大学，江苏省立第一农业学校并入第四中山大学农学院，农学院移设于原农校地址，将系改为科，而森林仅为组，李寅恭离开安庆前往南京应聘为第四中山大学农学院森林组讲师并兼任组长。

• 1921 年（民国十年）

2 月，白泽保美（张福延译）《德意志在青岛之森林经营》刊于《中华农学会报》1921 年第 2 卷第 2 号 53 ~ 64 页（专载 1 ~ 12 页）。

3 月，中华森林会在南京创办季刊《森林》杂志，由中华森林会学艺部编辑发行，1922 年中华森林会停止活动，《森林》杂志停刊。

3 月，张福延编述《森林数学（下）》由华通印书馆发行。

3 月，张福延《森林数学》由中华农学会刊行。

4 月，白泽保美（张福延译）《德意志在青岛之森林经营（续）》刊于《中华农学会报》1921 年第 2 卷第 6 号 57 ~ 72 页（专载 1 ~ 16 页）。

6 月，白泽保美（张福延译）《德意志在青岛之森林经营（续二）》刊于《中华农学会报》1921 年第 2 卷第 8 号 79 ~ 90 页。

7 月，张福延《防御苗圃旱害之设施》刊于《中华农学会报》1921 年第 2 卷第 9 号 100 ~ 104 页。

11 月，白泽保美（张福延译）《德意志在青岛之森林经营（续三）》刊于《中华农学会报》1921 年第 3 卷第 2 号 62 ~ 70 页。

• 1922年（民国十一年）

1月，白泽保美（张福延译）《德意志在青岛之森林经营（续四）》刊于《中华农学会报》1922年第3卷第4号30～41页。

2月，张福延被聘为国立北京农业专门学校林学科教授，至1923年1月。期间因直系奉系战争，学校停课。

7月，张福延《青岛林务所业务状况调查书》刊于《中华农学会报》1922年第3卷第10号39～59页。

12月，曾济宽、陈植、张福延《提议各省设立林业试验场案》刊于《中华农学会报》1922年第3卷第35号48～54页。

• 1923年（民国十二年）

3月，张福延回到南京，执教于江苏省立第一农业学校，至7月。

8月，张福延又回北京农业专门学校任教，同时任农商部农林传习所教员。

是年末，因齐鲁战争（江浙战争），张福延转任江西省立农业专门学校林科教员。

• 1924年（民国十三年）

2月，张海秋《小学校亟宜设置学校林》刊于《一农》（半月刊）1924年第4期11～14页。

• 1925年（民国十四年）

是年，张福延担任江西省立农业专门学校教授、林科主任。

• 1926年（民国十五年）

11月，北伐军攻占南昌，成立临时政权江西省政务委员会。政务委员会对建立新的政治、文化和社会秩序有所筹划，其中在教育方面，决定在南昌市以原省立法、工、农、医四个专门学校为基础，筹建江西中山大学。

• 1927年（民国十六年）

2月1日，国民政府政务委员会任命王恒等7人为江西中山大学大学委员。

2 月 9 日，举行第一次委员会议，推定王恒为主任委员，以国立武昌中山大学教授张有桐为秘书，委员会及秘书处随即开始工作。经委员会多次会议议定，将原四个专门学校改为大学专门部，派各委员前往接收，校址设南昌东湖边贡院，暑期招收大学预科新生。随后，相继开始编订大学组织规章、预算等。张福延任江西中山大学林科主任，八一南昌起义以后，江西中山大学停办。

3 月，张福延担任西岸榷运总局会计，至 8 月。

9 月，张福延担任西岸榷运总局副总稽查，至 1928 年 6 月。

• 1928 年（民国十七年）

2 月，第四中山大学更名为江苏大学。

5 月 16 日，江苏大学又改名为国立中央大学，四牌楼本部设有文学院、理学院、法学院、工学院和教育学院；丁家桥分部设有医学院和农学院。森林组改称森林科，凌道扬受聘到森林科任教，并与张福延（张海秋）先后主持科务，李寅恭任国立中央大学农学院森林科副教授。

9 月，张福延被中央大学农学院院长邹树文聘为森林系教授兼技师，至 1930 年 7 月，期间规划幕府山、乌龙山二林场作为实习林场。

• 1929 年（民国十八年）

1 月，中央大学农学院院长蔡无忌（1898 ~ 1980 年，蔡元培长子）应农矿部聘请参与筹建并出任上海农产物检查所副所长（国民政府农矿部林政司司长徐廷瑚任所长），凌道扬被中央大学聘为教授并任农学院院长，与张福延先后主持森林科科务，凌道扬离开中央大学，张福延兼任森林系主任，至 1932 年 6 月。

7 月，应北平大学农学院院长之聘，张福延到农学院上课一个半月。

11 月，中华林学会举行年会，决定林刚担任中华林学会编辑部主任，中华林学会常驻编辑员有傅焕光、陈雪尘、安事农、任承统、李寅恭、吴觉民、皮作琼、张福延和林刚。

是年，张福延在中央大学开设测树学、森林经理学，编写《森林经理学讲义》，他认为：中国古代森林经理学之纲领亦早已发其大凡，此森林经理学所谓“保续的收额预算法”是也，表明中国古代已阐明森林经理学要领，这是森林经理学的精蕴，能较为科学地对树木及森林进行测量，经国内学者们的努力逐步形

成测树学与森林经理学。

• 1930 年（民国十九年）

3 月，南京成立首都造林运动委员会，时任农矿部部长易培基兼任首都造林运动委员会主席，凌道扬代表中华林学会参加并担任常务委员，皮作琼、李寅恭、林祜光、李蓉、高秉坊、叶道渊、安事农等任委员或兼任总务、宣传、植树各部负责人，他们积极参加孙中山逝世纪念植树式的造林运动宣传周活动，发起紫金山造林运动。张福延《森林经理常识》由首都造林运动委员会刊印。

4 月 12 ~ 13 日，日本农学会在东京举行年会特别扩大会，邀请中华农学会派代表参加，并进行学术交流。中华农学会协同中华林学会派代表 5 人应邀前往，其中曾济宽、张海秋、傅焕光 3 人还分别在会上作了演讲，曾济宽首先在特别演讲会上以流畅的日语做题为《中国南部木材供需状况并财政上之方针》的演讲，张海秋在林学会分部会上做了以《中国森林历史》为题的演讲，傅焕光在造园学会分组会上用英语演讲《中山陵园计划》，由日本高等造园学校校长上原林学博士翻译，这是中华林学会首次参与国际学术交流活动。[2]

6 月，中央大学农学院张福延《中国森林史略》刊于《中华农学会会报》1936 年 6 月第 77 期 1 ~ 27 页（未完）。分为《概论》《第一 森林之变迁》《第二 中国森林制度之沿革》《第三 中国古来森林之趋势》《第四 中国森林学术之发达》，共 5 章。

是年，张福延加入国民党。

是年，国立中央大学将科恢复为系，改 8 科为 6 系，即农艺、园艺、蚕桑、森林、农业经济和畜牧兽医学系，张福延任国立中央大学农学院教授兼森林系主任及副院长，任职至 1939 年，期间主持规划南京幕府山、乌龙山森林学系实习林场，和苏甲薰编写《南京要塞林之设计》和《幕府、乌龙二林场经营计划》。

• 1931 年（民国二十年）

2 月 10 日，张海秋《糖槭类性质及造林法》刊于《中央大学农学院旬刊》1931 年第 65 期 1 ~ 7 页。

[2] 中国林学会主编．中国林学会成立 70 周年纪念专集 [M]. 1987，34-35.

3 月 17 日，《大公报》（天津版·第 5 版）刊登《中央大学规模宏阔》一文，文中刊登了中央大学二百五十余名教员的名单，农学院教员共计二十二人，其中森林科教员有张福延、李寅恭二人。

3 月 20 日，张海秋《重要树种造林法》刊于《中央大学农学院旬刊（造林运动特号）》1931 年第 68 期 7 ～ 19 页。

是年，张福延在南京城北三牌楼堂子巷购地近 3 亩，准备建房。

• 1932 年（民国二十一年）

6 月，开发西北协会成立，陈立夫为理事会理事主任，肖铮为副主任，戴任、孝铮、戴弘、张福延为常务理事，张福延负责森林考察事宜。

• 1933 年（民国二十二年）

是年，张海秋《山上的小树秧为甚么要保护呢》刊于《农业浅说丛书》1933 年第 39 期 1 ～ 10 页。

• 1934 年（民国二十三年）

是年春，国立中央大学农学院森林科主任张福延教授得知国民政府将派遣一个中缅边境考察团，前往中缅边境勘察，代表团由参谋本部任命一位李参谋，外交部任命周汉章组织大地测量员和医务人员若干人参与。张海秋是云南剑川人，得此消息，他建议利用这一机会派科学工作者一同前往，调查云南自然资源并采集植物标本，建议被采纳，国民政府决定由中央大学和中国科学社生物研究所各派一人参加。中央大学委派农学院森林系助教陈谋前往，中国科学社生物研究所派年轻的练习生吴中伦同行。期间，陈谋先生因工作繁累，旅途艰辛，感染疟疾，不幸病逝于考察途中。

7 月，张福延《察绥之森林》刊于由开发西北协会编辑《开发西北》1934 年第 3 卷第 1、2 期合刊（察绥专号）57 ～ 82 页。该文介绍察绥森林环境、森林现状、森林行政，是目前可查到的最早的一篇介绍察绥之森林的文章。该文根据林学家迈尔（Mayr）、村越信夫的《满蒙雨量图》以及英人伯克司统（Buxton）等的研究，论证了察绥的天然环境是不足以限制森林生长的，又通过大量的资料分析了察绥植树造林的重要性。提出举办森林事业应注意的问题，并建议：对于植树造林应

视为百年大计，设专管机关，作整个计划，并由政府与人民合力进行；应培植森林技术人才；应竭力经营森林副产以筹措造林经费。

• 1935 年（民国二十四年）

是年，张福延在南京修建住房，1936 年完工，抗战期间被日军侵占，1946 年返还，1947 年又重建，修建楼房 1 栋共 8 间和平房 4 间，1947 年 6 月完工。

是年，张福延被聘为全国经济计划委员会森林调查设计委员会委员，森林调查设计委员会主席为农林部林业司司长谭熙鸿。

• 1936 年（民国二十五年）

3 月，张福延被云南省建设厅厅长陇体要任命为建设厅总顾问，至 6 月。陇体要（1904 ~ 1989 年），彝族，彝良县龙街人，上海复旦大学毕业。曾任中华民国内政部秘书，江苏省宝山县、无锡县县长，国民党云南省党部书记长，云南省政府委员兼建设厅厅长，滇越（南）铁路云南段管理处副处长等职，被选为国民党第五次、第六次全国代表大会代表。任无锡县长期间，值“八•一三”松沪战起，竭尽全力调度运转，保证军需供应；组织义勇队，配合驻军狙击日军。后云南任职期间，为地方事业建设与发展作了大量工作，如修筑松花坝水利工程、改建全省公路网络、扩大烤烟种植及良种推广、促进省内外及国际贸易、组建昆明公共汽车公司、开辟长途客货运输等。1949 年 5 月离滇赴香港寓居，以教书为业。

7 月，中华林学会刊载：张福延为中华林学会会员。

• 1937 年（民国二十六年）

2 月，张福延《剑属语音在吾国语音学上之地位》载《南强月刊》1937 年第 4、5 期合刊 6 ~ 9 页。张福延在该文以语音对应规律将白语与汉语作比较，深入研究白语词汇的渊源系属及其演变发展过程。

2 月，张福延任中华农学会理事会丛书编著委员会委员、图书管理委员会委员。

6 月，熊庆来先生应龙云之邀担任省立云南大学校长。

7 月，张福延任国民党中央大学农学院区分部执委兼书记。

8 月，张福延带森林系学生到天目山实习。

10 月下旬，张福延离开南京，到重庆。

• 1938 年（民国二十七年）

3 月 14 日，张福延为推荐杨衔晋等人事函熊庆来。迪之仁兄惠鉴：曩承恳切相招，近又两接汤君来信，令其筹办林学系务，自当竭其绵薄，以期无负高谊。惟窃以为当此国难正急、物力维艰之际，欲举办一学系，必须以现代国家社会所迫切需要解决之现实问题为对象，而后始能收事半功倍之效，顾欲求达此目的，除最低限度之实验研究所需之图书仪器等设备外，更宜注重实地材料之搜索试验，研究机构之创立，何况森林事业之极关同计民生、极有地方性者，尤以此为不可或缺之工作。值此开办初期，尚未授及主科功课之际，所应积极举办者：（一）实验研究机构之设备，即于院内设置苗圃、树木园、标本林区，院外设置演习林场（校外林场可为学校基本财产）。（二）实地材料之搜集，即调查云南全省森林，并採集搜寻关于森林之各种标本资料，俾全系师生得有丰富切实之实验研究材料，以为解决林业上种种问题之所资。盖云南有最丰富优良之天然森林资源，若能善于搜索利用，有裨于林业前途自当较他处为大也，至于规模大小、进行步骤以及目前特须注重之业务，容后商酌办理，但欲求上列事业之得以积极举办，除视经费如何外，更须先罗致颇较健全为着手开办时所不可缺少之干部人才三四人，其人选另纸开呈，是否有当，即祈指正赐覆为祷。弟前所推荐之徐澄宇君，因其迁居，书信辗转日久，今日始收到其著作一册寄上。专此，教请 道安 弟张福延拜上 民国二十七年三月十四日 附：杨衔晋浙江嘉兴人，本校森林系毕业。前任本系助教两年后就中国科学社之聘，尔时月薪百二十元，现已两年，擅长森林植物，为我国森林植物家后起之秀。吾滇森林植物不惟为全国各省之冠，即世界亦罕与比伦。英美法等国耗数十万之金钱、费一二十年之光阴，虽发见新种甚多，然于林业上之供献尚微。本省最高学府既有林系，印宜积极调查研究，如聘其任助教，并可请其担任植物学及树木学或森林植物学讲师，月薪至少百五十元许。（现伊已从事著作，不久即可付梓。）周光荣（？）浙江大学农学院森林系学生，后转本系毕业，现在本系森林化学室研究利用及森林化学已近两年，得庚款文化金补助一年，至今年暑假为止，对于上森林利用及化学颇有心得。郑兆崧本系今年毕业生，资质颇佳，成绩颇优，对于森林经营方面亦颇擅长，令其管理苗圃及林场堪称适当。

4月，1937年抗日战争爆发，北京大学、清华大学、南开大学先迁至湖南长沙，组成长沙临时大学，10月25日开学。1938年4月又西迁昆明，长沙临时大学改称国立西南联合大学，5月4日开始上课。

7月1日，经国民政府行政院会议通过，省立云南大学改为国立云南大学，熊庆来任校长，经费定为国币50万元。

9月12日，国立云南大学向教育部提请添设农学院的建议，熊庆来校长开始筹划筹建云南大学农学院及农艺学系、森林学系。

• 1939年（民国二十八年）

4月，中国国民党中央党部直属云南大学区党部成立。

6月24日，熊庆来函请张海秋。海秋吾兄惠鉴：顷奉手翰，备悉种切。承吾兄允主持本校林学系，惠荪先生与弟均同深欣慰。所示各节，极佩卓识，将来林系发展可操左卷。仪器图书，以后自当筹商设备，俾免工作困难。关于经费，弟已呈请发给，教部亦极力扶持，当不致发生何等困难；致人才方面，弟昨与惠荪先生商酌同意，即请杨、郑二君襄助，详情已由惠荪先生函达，兹不多赘。现在林系正积极进行，务请兄早日命驾惠临襄导一切，致深企盼。专复，敬颂 教祺 弟熊庆来谨复 中华民国廿八年六月廿六日。

6月28日，云南大学经教育部批准筹备设农学院，7月筹备就绪，招收农艺、森林二系学生。

7月25日，熊庆来复信张海秋说：奉七月十九日手书，敬悉一切。吾兄林界硕望，规划自极详密，良用敬佩，惟农院成立伊始，经费颇为拮据，故惠荪与兄弟愚见，认为农艺、森林两系科只能各聘教授兼系主任一人，此外拟聘病虫害及土壤肥料教授各一人，又因本省环境适于园艺，故拟先聘园艺教授一人为园艺系奠筹备之初基。二十八年度起，农学院仅一年级学生，尚无农林专门功课，陈养材先生拟于下年度再行聘请。至杨衔晋君，拟请以技士名义先请屈就，一俟来校一二年，再行改为讲师，不识杨君有无著作，诸即告知，以便商考。来示命给郑君兆崧以资若干，本应遵办，惟本校对新聘教职员向无贴旅费之规定，惟郑君初经毕业，负担旅费自属困难，拟多发一月薪金以资补救。关于聘请陶永明君，拟俟吾兄抵滇再为商酌办理，未审以为如何？农院现正积极进行，甚盼吾兄早日莅滇，共策进行。云南大学森林系是中国成立较早的森林系之一，是云南林业高

等教育的开端，也是西南林学院的前身。

7 月，徐永椿应张福延教授的邀请，到云南大学农学院工作。张福延与汤惠荪协同筹划，积极开展建院工作，当年 9 月正式招生，录取学生 50 名，其中森林系学生 2 名，11 月初开始上课。

7 月 19 日，张福延给熊庆来复信：迪之吾兄惠鉴：赐信两函及聘约一件均已收到。此间虽曾再三挽留，业已毅然谢却，现功课全经结束，廿五日起开始放假，稍事拼挡即可返滇矣。弟前所拟之工作计划，既蒙十分赞同，自应积极进行，惟人力殊感不足，且闻农学系除主任外，曾聘定教授两人。林学系确为系务上之迫切需要，至少亦应聘请教授两人，加聘助教一人，除商筹办理林学系各种设备外，对于树木园林场之规划，教材之准备，皆为目前所急需，若非目前所急需者，自可从缓罗致，即虽目前所需未得其人，亦应俟物色到确能胜任者而后罗而致之，则教育前途其庶有豸乎。又窃以为吾滇现已成为国防及国际交通之枢纽，并有成为文化中心之倾向，而云大又为南疆固有之最高学府，观瞻所系，对于树木园及林场等之布置，除发挥地方固有之特长外，更宜使之有艺术化。兹推荐敝学友陈养材先生负此方面任务，伊系一专攻造林与造园，学识经验俱优，为汤惠荪兄同乡同学，其经历如何，勿待缕述，即祈聘为林学系教授，至于其他应聘之教授一人，俟仔细斟酌后再为推荐。曩所推荐杨君衔晋，学识确有超迈他人之概，弟亲往北碚向中国科学社植物部主任钱雨农先生要杨君帮助，惟钱先生坚不放杨君，且非讲师名义无以罗致杨君，尚祈吾兄不弃前函所请是祷。郑君兆崧当令其与弟同来，惟郑君希望给伊若干川资。至于森林利用方面，设备材料之搜集拟邀陶君永明负责，陶君系敝校森林系毕业留校，任助教三年于兹，年少英俊，虽可聘为助教，但待遇应较郑君稍高。以上所陈，务请加以权衡，俾各方面均得以平均发展，非为林学系前途之幸，实学校前途之幸矣。耿耿愚忱，未识以为然否？请飞函赐复为祷。会晤非遥，曷罄所言。专此敬请 铎安 弟张福延拜启 七月十九日。

8 月 1 日，云南大学农学院宣布成立，建址昆明市呈贡县。应国立云南大学校长熊庆来邀请，汤惠荪教授任云南大学农学院院长（至 1943 年），并兼农艺学系主任。张福延任云南大学农学院森林学系主任，至 1943 年 8 月。是年，张福延 54 岁。

8 月 2 日，教育部同意云南大学农学院先设农艺、森林两系。

8 月，张福延参加中国国民党中央党部直属云南大学区党部会议。

8 月，云南农林植物研究所研究员俞德浚兼任云南大学生物系和农学院专任讲师。

8 月，张福延任云南大学总务长。

8 月，张福延带领青年教师到剑川金华山、满贤林，先后采集并制作大量腊叶标本、木材标本和林木种子，其中颇多云南特有树种。

11 月 12 日，云南大学农学院补招新生 48 名，其中森林学系招收 22 名。

12 月，应张福延之邀，郑万钧到云南大学农学院森林系任教授。

• 1940 年（民国二十九年）

2 月，张福延、徐永椿带领青年教师再次到剑川金华山、满贤林采集并制作大量腊叶标本、木材标本和林木种子。

2 月 21 日，中华农学会云南分会成立，云南大学农学院张福延、汤惠荪等 5 人当选为理事。

7 月 12 日，云南大学总务处《新聘职员变动通知单》：汤惠荪农学院院长兼教授，张福延森林系主任兼教授。

8 月 23 日，云南大学《聘张海秋兼任总务长职务》：张海秋先生兼任总务长职务，月薪应照四百四十元致送，自八月起薪，此希总务处查照。张海秋总务长任职至 1941 年 6 月。

9 月，郑万钧再次被聘为森林系教授，任职至 1941 年 6 月。

是年秋，张福延被选为国民党云南大学区党部执行委员兼宣传员。

是年，云南大学农学院森林系主任张福延原支薪额 38000 元，实发薪俸 34000 元。

• 1941 年（民国三十年）

2 月 4 日，国立云南大学校长熊庆来、总务长张福延联袂致函中基会，请予补助国币 15 万元。其函云：查本校矿冶系于 29 年（民国二十九年）蒙贵会继续补助 14 万余元，使该系于教学及设备具有长足之发展，立于永久之基础。

2 月，抗日战争开始后，中华林学会中断活动，在姚传法等的倡议下，在大后方的林学界人士在重庆召开中华林学会第五届理事会，姚传法当选为第五届理事会理事长，梁希、凌道扬、李顺卿、朱惠方、姚传法为常务理事，傅焕光、康瀚、白荫元、郑万钧、程复新、程跻云、李德毅、林祜光、李寅恭、唐耀、皮作琼、张楚宝为理事。中华林学会名誉理事长：蒋委员长、孙院长、孙副院长、陈部长伯南。名誉理事：于院长、戴院长、翁部长咏霓、张部长公权、陈果夫先生、陈部长立夫、吴一飞先生、朱部长骝先、吴鼎昌先生、林次长翼中、钱次长安涛、邹秉文先生、穆藕初先生、胡步曾先生[3]。同时，中华林学会成立水土保持研究委员会时，凌道扬、姚传法、傅焕光、任承统、黄瑞采、葛晓东、叶培忠、万晋和徐善根为委员。中华林学会地址位于重庆东川北碚魏家湾八号。张福延被选为中华林学会监事。

3 月 16 日，云南大学农学院一年级迁至嵩明县马坊镇办学。

7 月，张海秋兼任云南大学训导长，至 1942 年 10 月。

10 月，中华林学会刊载：张福延为中华林学会会员。

是年，云南大学农学院森林系主任张福延原支薪额 44000 元，实发薪俸 44000 元。

是年，华封祝去世。宣统三年（1911 年）11 月，云南军都督和军务部颁布《云南森林章程》。《云南森林章程》共包括 7 章 61 条，对云南省境内的森林资源进行划分，明确制定森林保护的细则和对破坏森林等违法行为的惩处规定，由军都督府实业司副司长华封祝主持完成，是我国历史上第一部完整的林业法规。华封祝（1877 ~ 1941 年），字晋三，呈贡县斗南村人。1904 年留学日本，考取东京高等矿业学校，其间加入同盟会，立下报国之志。1911 年 10 月云南光复，任军都督府实业司副司长，1913 年升任实业司司长，主管云南经济行政事务。任内，他先后制定发表了《振兴云南矿务、全国工商矿业意见书》《利用外资以煤矿业发展案》《振兴云南矿业案》《云南矿物暂行章程》《云南实业政见撮要》等文，提出云南的经济发展应以开矿为主，并改良扩充最适于云南气候土壤的丝、茶、棉、糖业，应修筑滇邕、滇缅、滇川三线，以利国防与工商业发展；提倡兴办小规模实业，使群众受益；倡导因地制宜来发展实业，如个旧、东川等地以矿称则应注重矿业，嵩明、寻甸、呈贡、晋宁、昆阳、宜良、富民一带以产豆、麦、米为主则应注重农业，宾川、弥渡、永北、阿蒙一带以宜棉称则应注重棉业，大理、腾冲一带以

[3] 中国第二历史档案馆编．中华民国史档案资料汇编（第五辑 第二编 文化（二））[M]. 南京：江苏古籍出版社，1998，455.

雕刻著名则应注重工业，省会、蒙自一带为商务较繁之区，则应注重商业。

• 1942年（民国三十一年）

1月29日，李天培致函熊庆来校长，选派教授参加学术演讲，函中说："此次主席提倡学术演讲，饬弟筹备一切。曾经拟具办法与西南联大梅校长商定应聘主讲名流暨所讲题目。至于贵校方面，人才济济，素所钦仰，应请台端就各教授中择其思想学术纯正者尽量介绍，以便延聘主讲。"云南大学于次日即1月30日选定了演讲教授名单：徐梦麟、楚图南、赵诏雄、伍纯武、王贡予、朱驭欧、王伯琦、姚碧澄、赵明德、汤惠荪、张福延、陈植、葛敬中、王世中、费孝通、常宗会、赵雁来、崔之兰、林同济、林耀华、鲁冀参、沈来秋。

2月9日，熊庆来复函李天培说："此次主席提倡学术演讲，事关文化宣导，对于社会进步影响极大，自应竭尽绵薄。兹特就敝校思想、学术纯正者遴选介绍台端，其演讲科目亦并开奉。"

2月11日，熊庆来致函李天培说明："至于演讲科目刻亦大致会齐，惟以尚有少数教授以疏散关系未能送到，容后当再补奉。"并开具演讲科目：熊庆来《科学之价值》、姚碧澄《疟疾预防问题》、汤惠荪《中国农垦问题》、吴文藻《关于社会学之问题》（确切讲题临时决定）、林同济《今日之战国》、伍纯武《中国经济之特质及其发展》、王伯琦《唯生论的法律体系》、朱驭欧《如何划分中央与地方之权责或缩小省区问题》、张福延《森林与人之关系》、王世中《农业文化与粮食增产》、赵雁来《国防文化》、黄昆纶《昆虫与人类之关系》、陶云逵《边疆社会问题》、王赣愚《中国战时的政制》。

3月，张福延被云南省建设厅厅长杨文清任命为建设厅顾问，至1945年。

4月14日，云南大学《改聘张福延为训导长》：改聘张福延先生为训导长，待遇仍旧，自三月起薪，此希总务处查照。

6月5日，"龙氏讲座"设立，云南大学校长熊庆来函聘汤惠荪、张福延、姜亮夫为首批"龙氏讲座"教授。

6月，熊（庆来）校长、总务长张福延又联袂致函重庆中基会执行委员会主席翁文灏，以滇省物价继涨增多，复以该系设备应充实，开支浩繁为由，请将1941年度补助矿冶系经费追加6万元，1942年中基会补助增为30万元。

6月8日，中基会复函云大，同意追加1941年对矿冶系的补助，但只能追

加5万元，1942年补助金额确定为20万元。

7月26日，《云南大学志 第2卷 大事记（1925–1993）》（《云南大学志》编审委员会编）载：兴文、劝业两银行陆兼董事长子安、及张行长质斋、孙经理幼章，本龙主席（龙云）提倡学术促进教育之旨，由兴文、劝业两行本年度拨款20万元补助云南大学。以10万元设讲座数席，名曰龙氏讲座，其待遇较大学普通待遇为优，现已致聘者有刘慎谔（生物系）、徐中舒（历史）、汤惠荪（农学）、朱炳南（经济）、林同济（政治）、张海秋（森林）、姜寅清（文学）等。尚有他人在接洽中。此外，复敦请浙江大学教授卢守耕、吴耕民、孙逢吉为临时讲座。其它10万元则用以设一西南文化研究室，聘请方国瑜教授主持，并聘请姜寅清、陶云逵、费孝通、楚图南、方臞仙、徐梦麟等为研究员，大部分经费将用于西南文献之搜集及刊物的印行。该室成立后，至1947年，已出版《西南研究丛书》8种，即：张印堂的《滇西经济地理》，方国瑜的《滇西边区考察记》，徐嘉瑞的《云南农村曲史》，方树梅的《明清滇人著述书目》，李田意、叶柽、曹鸿昭的《缅甸史纲》，陈修和的《越南古史及其民族文化之研究》，张镜秋的《僰民唱词集》，李拂一的《泐史》。

8月29日，教育部训令（高教34536号）：查该校送审教员资格案内张福延等七员，业经发交本部学术审议委员会审查竣事，兹核定合于教授资格者张福延、范秉哲、徐嘉瑞、沙玉彦等四员。

8月，郑万钧再次被聘为森林系教授，任职至1943年7月，1942年下学期在农学院讲授“森林地理”课程。

是年夏，张福延被教育部指派为云南大学三青团筹备指导员。

是年，许靖任云南大学农学院森林系主任。

是年，云南大学森林系新生在云南大学本部上课。

• 1943年（民国三十二年）

2月26日，云南省建设厅为储备森林专才，策进建设事业起见，与云南大学商办森林专修科，并由云南大学拟定开办计划，呈教育部核示后，即可开始招生。该科主任一职，已请云南大学森林系主任张海秋兼任。

3月，张福延代理云南大学农学院院长，7月任云南大学农学院院长，至1949年9月。期间，张福延几经奔波，先后建立呈贡农林场、云南大学经济农

场（后改为实验农场）、昆明北门外作物实验场、弥勒木棉场、昆明厂口林场和实习蚕桑场等实验基地。为使森林学的教学理论联系实际，培养学生务实精神，以期学以致用。经学校批准，将荒芜多年的厂口矿场改设为厂口林场，供森林系学生实习研究之用，派农业技术员张鸿清率五名工人管理林场。

8 月，郑万钧被聘为森林系教授兼系主任，至 1946 年 7 月。云南大学《郑万钧应聘书》：兹应国立云南大学之聘为森林系教授兼主任，并订定并同意如左规约：薪金每月国币五百元，按月支领；每周授课自六小时至九小时；应聘期自民国三十二年八月起至三十三年七月底止；其他事项依照教职员待遇服务规程办理。应聘人郑万钧，民国三十二年八月。

10 月，云南大学成立云南大学知识青年征集委员会，熊庆来任主任委员，教务处长何衍璿、训导长杨家凤任副主任委员，委员蒋蕙荪、张福延、柳灿坤、丘勤宝、周新民、鲁冀参、赵明德、章辑五、杨春洲等，委员会下设总务、宣传、编组三股。

是年，汤惠荪任云南大学总务长，同年赴重庆担任中国地政研究所副所长，兼任国防最高委员会经济委员会委员及中央政治学校地政系主任。

是年，张福延获龙氏讲座补助 300 元，学术研究费 1000 元，校方支薪 300 元。

是年，汤惠荪代理云南大学农学院森林系主任。

• 1944 年（民国三十三年）

9 月 12 日，《教育部为核定国立云南大学训导长、总务长指令》：呈一件为呈荐训导长、总务长请核定由呈件均悉，兹核定准聘杨家凤为该校训导长，并核定蒋惠荪为总务长，但杨家凤仍应依法检具去履书、证件送审，仰即遵照，聘任件存二此令。部长陈立夫。民国三十三年九月十二日。

是年，李达才任云南大学农学院森林系主任。

• 1945 年（民国三十四年）

5 月，郑万钧由国立云南大学农学院院长张福延聘任为农学院森林系教授兼主任。

5 月 28 日，云南大学《函聘张福延、李达才等为学业竞试监试委员》：兹函聘台端为本校学业竞试监试委员，相应检同监试地点及时间表函达，即希查照，惠允担任为衔。此致张福延先生。附监试地点及时间表一份。校长熊庆来　民国三十四年五月二十八日。

8 月，吴中伦赴美耶鲁大学深造，吴中伦赴美时，梁希赋诗一首相赠：大火西流七月光，碧天无语送吴郎。定知三载归来后，苍海茫茫好种桑。

12 月，秦仁昌由国立云南大学农学院院长张福延聘任为农学院森林学系教授兼主任，每周授课 9~12 小时。

12 月，云南省农业改进所成立，隶属于云南省建设厅，秦仁昌任所长，张海秋兼总顾问，云南农业改进所采取人才、经费、设备、实习试验多方面结合方式，取得很好成效。

是年，吴中伦由云南大学农学院院长张福延聘任为云南大学农学院植物学讲师。

• 1946 年（民国三十五年）

1 月，吴中伦赴美因受抗日战争影响当时未能成行，1 月取道印度加尔各答赴美。

2 月 22 日，云南大学农学院院长张福延与昆明县县长签订《昆明县政府、国立云南大学农学院特约桑园合约草案》。

3 月，经云南大学校长熊庆来提议，张福延被选为国民党云南大学区党部书记，至 1949 年中华人民共和国成立。

5 月 1 日，云南大学农学院院长张福延与云南省建设厅农林改进所所长陇体兴签订《国立云南大学农学院、云南省建设厅农林改进所建教合作原则》。

5 月，张福延关心家乡职业教育建设，以“剑川旅省同乡会”名义，会同李澎、张祖年等向云南省教育厅提出申请，要求在剑川创办“省立高级工业职业学校”，惜经费无着而未能实施。

7 月 30 日，云南省文化促进运动委员会举办系统学系演讲，该会主任委员邓飞黄致函云南大学拟分期聘请教授演讲，函中云：“本会前为启迪民众思想，提高学术研究兴趣，促进社会文化起见，特公开举行学术演讲，已历多次。素念贵大学各位教授皆鸿儒硕彦，久为社会所景仰。拟分期洽聘主讲，兹先送演讲规程五十份，烦请查照转致，借资参考为荷！”演讲规程列为七项，其中，演讲时

间暂定每周一次；主讲人聘请大学名教授、社会贤达及专家担任；对主讲人聊表谢意，每次备茶典招待，并致送车马费一万元；演讲记录指派专人担任，送主讲人校正后，交由各报登载或印订专册，分送各级党政机关团体学校以广宣传。并附主讲人名单：刘文典、徐梦麟、方国瑜、鲁冀参、司徒尹衡、饶重庆、赵雁来、王士魁、崔之兰、黄国瀛、邱勤宝、王绍曾、张福延、汪厥明、杜棻、赵明德、姚碧澄、范秉哲 18 人，其中多数为云南大学教授，另有少数为西南联大教授。

7 月 31 日，国立西南联合大学停止办学，西南联大共存在了 8 年零 11 个月，三校复员北返，云南师范学院留昆旧址独立建校，定名国立昆明师范学院。

12 月，张福延回南京休假，至 1947 年 7 月回昆明。

是年，云南大学被《大不列颠百科全书》（1947 年大不列颠百科全书有限公司出版）列为中国最著名的 15 所大学之一。

是年，云南省建设厅所属农事机构改组，成立云南农业改进所，张海秋被聘为总顾问。

是年，云南大学农学院森林系由呈贡迁回昆明，在西南联大生物系、地质系旧址上课。

• 1947 年（民国三十六年）

2 月 25 日，云南大学《聘秦仁昌代理农学院院长》：曾勉先生告假，农学院院长职务在张院长福延未回校前，兹聘秦仁昌教授代理，即发聘函，此致总务处查照。民国三十六年二月二十五日。

3 月 13 日，南京市云南文化建设协会在南京成立，张福延为负责人。

8 月，张福延兼任云南大学教务长，至 1948 年 7 月。

是年秋，张福延竞选立法委员会委员，未果。

是年秋，熊庆来校长到褚宝楚家避祸，由张福延首次代理云南大学校长职。

是年，张福延受云南省政府主席卢汉聘请，任云南省政府顾问。

是年，秦仁昌任云南大学农学院森林系主任，至 1956 年。

• 1948 年（民国三十七年）

5 月 15 日，《张福延向教育部呈报西南文化研究室工作概况》：1942 年 7 月，国立云南大学西南文化研究室成立，该室“研究工作之地域以云南、西康、贵州为主，次及西藏、四川、湖南、两广，又及安南、緬甸、暹罗、印度、马来半岛诸境”。他提出：“我国与中南半岛诸国，境域相接，诸凡经济、政治、文化、军事，莫不密切相关。当由多方面与之联络，而文化学术之合作，促进经济、政治、军事之关系者甚大。本校因此项任务，拟加强西南文化研究室工作。”

7 月，张福延代理云南大学校长职。

9 月，云南大学农学院院长张福延为《蚕体遗传学》做序。国立云南大学教授蒋同庆著《蚕体遗传学》民国 37 年 9 月由太华印书馆出版。

9 月，张福延代理云南大学校长职。

是年秋，张福延代理云南大学校长职。

• 1949 年

6 月，熊庆来到广州参加教育部全国会议，委托农学院院长张福延代理校长职务。

7 月，熊庆来到巴黎参加联合国教科文会议，委托农学院院长张福延继续代理校长职务。

9 月 9 日，卢汉发表《告云南人民书》《告保安官兵基青年学生书》宣布昆明戒严。

10 月，张福延任云南大学农学院院长。

10 月 1 日，中华人民共和国成立。

12 月 9 日，卢汉通电全国，率领云南省军政人员起义，宣布云南全省接受中国共产党领导。

是年秋，云南大学农学院蚕桑专修科改建为蚕桑系。次年秋，增设园艺系及畜牧兽医系。

• 1950 年

1 月，秦瓒任临时校务执行委员会主任委员，张福延任云南大学校务执行委员兼农学院院长，任职至 1953 年。

3 月，张福延应邀参加西南军政委员会农林部召开的农业生产会议。

4 月初，云南大学建立由 28 人组成、以张友铭为主席的临时教务委员会，

临时教务委员会并实行常委制，常委有李吟秋、王士魁、张友铭、杨德森、杜棻、赵炯乾、杨桂宫、张福延、秦瓒。

4 月，昆明市军事管理委员会、昆明市政府聘任张福延为第一届各界人民代表大会代表。

9 月 25 日，云南大学临时校务管理委员会正式宣告成立，秦瓒任主任委员，王士魁、张瑞纶、方国瑜、杨克嵘、杜棻、张福延、张一夫、寸树生、陈复光为委员。

10 月，云南省人民政府第一次全体委员会议选举张福延为云南省土地改革委员会委员。

10 月，周保中任云南大学校长。

是年，由农学院陈嵘酌以 4500 元代价将张福延南京房产卖给农学院，除去上税及南京市府扣去日寇改装木料费 900 多元，酬给王全友看管费 300 元左右，张福延得 3000 多元。

• 1951 年

6 月，云南部分林业科技人员开始酝酿筹建中国林学会昆明分会的工作。

7 月，全国农学院院长会议召开，拟定农林院校调整方案和专业设置草案，全国农林院校调整逐步展开，云南大学农学院院长张福延参会。

• 1953 年

3 月，高等教育部、西南军政委员会文教部联合发文决定：云大农学院园艺、蚕桑两系并入重庆西南农学院。经西南高教局批复同意，1954 年学校将农场所有土地、房舍、树苗等全部移交给呈贡县政府。

12 月，中国农学会昆明分会的筹备工作开始，由张天放、张海秋、段永嘉、朱彦承、黄天祥、程侃声、褚守庄 7 人负责筹备，经中国农学会批准，筹委会于 1955 年 1 月 20 日正式成立。经 1 年多的积极筹备，1956 年 6 月 22 日在昆明光华街科联分会召开成立大会，选举产生第一届理事会，有理事 11 人。理事长张天放，副理事长段永嘉，秘书孙方，学术委员程侃声、诸宝楚，编辑委员肖常斐、郭文明，组织委员姚宗文。

是年，云南大学农学院农艺学系改为农学系，森林系改为林学系，林学系下设森林经营专业，成立造林学、树木学、经理学教学3个小组。

是年，张福延因患病休假半年，期间秦仁昌代理农学院院长。

• 1954年

5月，在云南省农林厅支持下，成立中国林学会昆明分会筹备组。

12月，方国瑜将张海秋、秦凤翔所写的《就剑川方言初步推断民家语的系属》一文收录于自己编写的《云南民族史讲义》中。《云南民族史讲义》是方国瑜先生在云南大学历史系讲授《云南民族史》课程的讲义，第一、二编编成于1954年12月，第三、四编编成于1955年6月，是中国学术界第一部系统阐述云南历史与民族发展变化历程的著作，开创并奠定了云南民族史、地文史研究的基础。方国瑜（1903～1983年），字瑞丞，纳西族，教授，当代著名社会科学家、教育家，九三学社社员，云南省丽江市古城区人，历任编辑、云南大学教授及系主任、文法学院院长和云南通志馆的编审、审定、续修委员及云南省民委委员、全国人大民委委员、省博物馆筹委会副主任、云南省民族研究所副所长、云南省少数民族社会历史调查组副组长、九三学社云南省工委副主任等职。2013年3月，方国瑜《云南民族史讲义》由云南人民出版社正式出版。

是年，云南大学1953级林学系学生由张福延教授带领到昆明西山林场进行植物实习半个月。

是年，云南大学林学系主任秦仁昌参加了云南省第一届人民代表大会第一次会议，被选为第一届全国人民代表大会代表。

• 1955年

4月，中国林学会昆明分会筹备组又将筹备组扩大为中国林学会昆明分会筹委会，主任张海秋，副主任赵克林、单文等。

• 1956年

6月15日，云南省委大学系统五人小组做出“张福延历史上虽是反动党团骨干分子，但思想改造时已基本作了交待，这次运动中未查出有罪恶活动，解放后已未发现反动活动，且有了悔改表现……故不予任何处分，继续留校使用”的结论。

9 月，高教部下发的各高校一、二、三级教授名单：秦仁昌任云南大学农学院一级教授。

是年，中国林学会昆明分会成立，推选张福延任第一届理事会理事长，赵克林、单文等任副理事长。

是年，张福延应邀参加林业部组织的“东北地区林业参观”。

是年，徐永椿任云南大学农学院林学系主任，至 1958 年。

• 1957 年

是年，张福延请求退休，未批。

• 1958 年

8 月，云南大学农学院农学系与林学系从云南大学分出成立昆明农林学院，9 月唐毅吾任昆明农林学院党委书记，任职至 1968 年 9 月，校址在昆明北郊黑龙潭。

12 月，中国林学会昆明分会改选产生第二届理事会，刘均一任理事长，李有桂、杨执中、高屏、徐永椿任副理事长。会议决定将中国林学会昆明分会改名为云南省林学会。

• 1959 年

是年，张福延再次向昆明农林学院党委提出退休申请，未得上级核准。

• 1960 年

2 月，张福延当选为中国林学会第二届理事会（1960.2~1962.12）理事。

8 月 1 日，昆明农林学院更名为昆明农学院，昆明农林学院（林学部分）分建云南林学院。

• 1961 年

7 月 20 日，云南省委决定，昆明农学院、云南林学院、云南畜牧兽医学院合并为“昆明农林学院”。

• 1962年

是年，1961年刚成立的滇南大学和滇西大学撤销，将滇南大学的农学系和滇西大学的林学系学生和部分教师分别合并到昆明农林学院的农学系和林学系。

9月，张福延退休。

• 1964年

9月12日，云南省人民委员会第三届五次会议通过，任命彭少彭为昆明农林学院院长。

• 1965年

9月，王启明任云南农业劳动大学校长，至1971年。

• 1966年

5月，无产阶级文化大革命（通称“文化大革命”，简称“文革”）开始，期间，张海秋受到冲击。

7月15日，中共中央西南局和云南省委撤销彭少彭的党内外一切职务。

• 1968年

4月3日，张福延完成《张福延自述情况之二》（交代材料第6号，69页，27600余字）。

• 1969年

8月27日，张福延完成《关于国民党云大区党部组织情况和隶属关系事项的交代》（交代材料第18号，6页，2200余字）。

8月28日，张福延完成《关于云大国民党情况的交代》（交代材料第19号，5页，2000余字）。

9月3日，张福延完成《向工宣队第一中队、林学系革委会综合交代我个人的问题》（交代材料第20号，21页，8400余字）。

9月10日，张福延完成《交代我惩处学生行为和镇压学运罪行》（交代材料第21号，10页，3600余字）。

9 月 14 日，张福延完成《对反动国民党云大区党部与各区分部关系问题的交代》(交代材料第 23 号，9 页，3600 余字)。

11 月 18 日，张福延完成《在思想活动上作补充交代》(交代材料第 25 号，5 页，1800 余字)。

是年，昆明农林学院搬迁至大理州宾川县。

• 1970 年

8 月 27 日，张福延完成《张福延交代材料》(交代材料第 26 号，16 页，6400 余字)。《交代材料》最后写到：我因年老近日多病并因我多年前患神经衰弱失眠健忘，我的问题这几年来经常勉思苦索还常寻得，寻忘容有遗忘错误，请为审核我所犯得罪行，予我如何惩处；我很诚恳的接受，这是给我改造世界观极好的机会，我将我的余年誓必作些将功赎罪的事。

12 月 18 日，张福延完成《补充交代》(交代材料第 27 号，6 页，2400 余字)。

是年，昆明农林学院迁至原曲靖地区寻甸县。

• 1971 年

是年，昆明农林学院与云南农业劳动大学合并成立云南农业大学。

• 1972 年

10 月 18 日，张福延病逝于寻甸云南农业大学，享年 81 岁。张福延育子张憨生、张宁生。张福延毕生从事农林教学，是云南高等林业教育创始人，中国现代林业教育先驱。张福延先生一生著述颇丰，发表和编写《南京主要树种材积生长量之调查研究》《重要树种造林法》《中国森林史略》《糖槭类性质及造林法》《防御苗圃旱害之设施》《泡桐造林计划》《中国出产与输出漆汁漆油》《绥远森林调查记》《德意志在青岛之森林经营》(译著)、《青岛林务所业务状况调查书》《提议各省设立林业试验场案》《南京要塞林之设计》《小学校亟宜设置学校林》《山上的小树秧为甚么要保护呢》《幕府、乌龙二林场经营计划》(后两种与苏甲熏合著)10 多篇论文、文章以及《中国森林历史》《造林学本论》《森林经济学》《森林经理学》《森林计算学》《森林数学》《测树学讲义》《森林经理学讲义》《林价算法》《森林较利学》《林产制造学》11 部教材及专著，对中国高等林业教育的有关课

程体系建设和科学研究发挥了奠基作用。另外，张福延对剑川白族语也有深刻的研究，著有《剑属语言在吾国语言学上之地位》《就剑川方言推断民家语的系属》《答江绍源〈谈云南剑属语音〉并解释易林随之否》《应如何正确的认识白族语并解决其系属的途径》《我对白语的认识》《白族语中保存着的殷商时代的词语》等白族语言研究著作，在民族语言学研究中具有重要地位。

• 1974 年

10 月 12 日，中国共产党云南省教育局核心小组做出《关于对张福延历史问题审查结论的批示》：张福延于 1929 年加入国民党后，曾任国民党区分部书记、区党部执行委员、区党部书记等反动职务。云南大学进步师生于解放前组织学生运动时，张追随原云南大学反动校长熊庆来及国民党反动当局，参与和主持过一些反动会议，制定过一些反动措施镇压学生运动。有一定罪恶，但解放后，张对上述问题作了交待，并有所认识。肃反时作过审查结论，这次审查未发现新的问题。经局定案小组 1974 年 10 月 12 日复查，同意维持原省委大学系统五人小组 1956 年 6 月 15 日所作“张福延历史上虽是反动党团骨干分子，但思想改造时已基本作了交待，这次运动中未查出有罪恶活动，解放后也未发现反动活动，且有了悔改表现……故不予任何处分，继续留校使用”的结论。中国共产党云南省教育局核心小组　1974 年 10 月 12 日

• 1978 年

3 月，方国瑜在《僰古通记》(方国瑜主编《云南史料丛刊· 第四卷》1998 年)谈张海秋：海秋先生隶籍剑川。清宣统年开办丽江府中学堂，读新学。辛亥革命后，转入大理中学，为高材生，考送日本习林业学，归国任教于南昌，后在南京。公元一九二六年秋，来北京，任农业专门学校教授，主讲林学。著述甚富，而留心音韵等的之学，研究白族语言体系，谓：汉语之一支。与瑜初次在北京相唔，谈论白族语言，滔滔不绝。时瑜粗知音韵，自幼接触白语，稍能理解，聆先生议论，颇得教益。后一九三四年，瑜至南京，一年间屡相晤，辄谈白语音韵，与汉语作比较，涉论等音之学，条理井然，以语音对应规律解说辞汇，穷源竟委，颇得要领，非单文孤语可比，令人心服。一九三七年倭祸起，张先生回滇，主持云南大学农学院，多年相处，见面即议论白语，逢人便谈，不计他人对白语

感兴趣否。自瑜与张先生初相识时，即盼所论写成文章，后请编写辞汇，闻多有积稿，可恢宏此学也。一九七二年，瑜在北京医目，得家书悉张先生病殁于寻甸，数十年良师，一旦永别，悲恸逾恒，尤以研究白语遗稿为念也。归滇后数年间，晤张憨生、宁生昆仲郎询之，至今未有结果。瑜愿为张先生整理遗作，得以传世。盖瑜所知精通白族语言体系而善于说解，无如张先生者。至今未得遗稿，为叹息也。一九七八年十月三日附词。

• 1980 年

是年，云南农业大学搬回昆明北郊黑龙潭，从 1938 年云南大学农学院森林系成立已经 42 年。

• 1983 年

12 月 24 日，方国瑜教授去世。方国瑜教授是名扬四海的教育家、史学家、语言学家、民族学家。青年时代曾任北京师范大学研究员，北平国民大学教授。1936 年 9 月回到云南，历任云南大学历史系主任和文法学院院长、国家民委委员、云南省文联副主席、云南省历史学会会长、九三学社云南工委副主委、全国人大代表。他的一生主要从事史学的教学与研究工作，毕生专治地方民族史，研究纳西象形文字，是西南民族史的开拓者，云南地方史的奠基人。1983 年 12 月 24 日，方国瑜在昆明因病逝世，享年 80 岁。根据他生前的志愿，经中共云南省委批准，追认他为中共正式党员。方国瑜教授生前为张海秋先生整理遗稿的愿望没能完成。

• 1990 年

9 月，中国林业人名词典编辑委员会《中国林业人名词典》(中国林业出版社出版)著录张福延生平[4]：张福延（1891 ～ 1972 年），字海秋，林业教育家，云南剑川人，白族。1930 年加入国民党。1918 年毕业于日本东京帝国大学农学部林学科。曾任江苏省立第一农业学校教员，江西公立农业专门学校林科主任，中央大学农学院副教授、教授，森林系主任，云南大学总务长、训导长、代理校长、农学院院长、教授、森林系系主任，中华农学会监事。建国后，历任云南大

[4] 中国林业人名词典编辑委员会 . 中国林业人名词典 [M]. 北京：中国林业出版社，1990，281-282.

学农学院院长、昆明农林学院林学系教授。是1941年中华林学会监事、中国林学会第二届理事、中国林学会昆明分会理事长。发表《中国森林史略》等论文。著有《森林数学》等。

• 1993年

9月，鹤庆县志办公室滮川《张海秋教授与白语研究》刊于《白族学研究》(大理)1993年第3期163～169页。同期，中央民族大学赵衍荪《张海秋先生简传》刊于260～263页。

3月，方国瑜著《云南民族史讲义》出版，该书作为附件收录张海秋与秦凤翔合著《就剑川方言初步推断民家语的系属》一文。

• 1994年

11月，张福延（海秋）先生撰《剑川方言初步推断》收于尤中主编、云南大学出版社出版的《云南民族史》第五章。

• 1997年

12月，昆明市政协文史资料和学习委员会编《风雨忆当年：昆明市政协文史资料集粹·中·文教篇》(云南美术出版社1997年出版)189～192页刊登何弘德等《云南高等林业教育的创始人张海秋》。

• 2003年

1月29日，韩军学完成《论巴蜀与中原的关系——张海秋先生白语研究》。

• 2005年

7月，中国农业大学百年校庆丛书编委会编，许增华主编《百年人物1905～2005》出版，其中75页载张福延：张福延——中国林学学术组织的早期活动家。张福延（Zhang Fuyan，1891～1972年）字海秋，云南省剑川县人。生于1891年，卒于1972年，享年81岁。林学家、林业教育家，中国森林经理学学科的创始人之一。张福延1918年毕业于日本东京帝国大学农学部林科并归国。回国后充任江苏省立第一农业学校教员。1922年被聘为国立北京农业专门

学校林学科教授。1923 年执教于江苏省立第一农业学校。1925 年担任江西省立农业专门学校林科主任。1929 年至 1939 年任国立中央大学农学院教授兼森林系主任及副院长。1939 年至 1949 年任国立云南大学教授兼森林系主任、总务长、训导长、农学院院长、代理校长等职。1941 年被选为中华林学会监事。中华人民共和国成立后，他历任云南大学教授兼农学院院长、昆明农林学院林学系教授、中国林学会第二届理事会理事、中国林学会昆明分会理事长等职。张福延是中国首先从日本引进森林经理学并先后在多所大学讲授过“森林经理学”课程的学者。同时，他还是中国林学学术组织的早期活动家。他的主要论著有《森林经理学》《测树学》《林价算法》《森林较利学》《中国森林史略》等。（刘建平执笔）

• 2007 年

3 月，施珍华、张永堂主编《词寄山花：咏白乡》（云南民族出版社 2007 年出版）124 页《张海秋》：张海秋农林教授，学问高深有大名；云南首建农学院，他是创始人。

• 2011 年

9 月 10 日，南京林业大学校长曹福亮在 2011 级研究生开学典礼上的致辞中称：张福延是我国森林经理学科的创始人。

• 2012 年

7 月 25 日，《大理日报》刊登《剑川人士在昆明留下的一些痕迹》一文：张海秋是云南高等林业教育的创始人也是剑川人士。

• 2017 年

4 月，云南省科技厅科技宣传教育中心、云南省老科技工作者协会编《云南省杰出科技专家传略》由云南科技出版社出版。云南农业大学分会有张海秋、诸宝楚、蔡克华、徐天骝、段永嘉、瞿明宙、昝维廉、肖常斐 8 位专家入选，云南大学分会有熊庆来、卫念祖、张其濬、王树勋、赵雁来、曲仲湘、朱彦丞 7 位专家入选，西南林业大学分会有徐永椿、薛纪如、任玮、曹诚一、杨元昌、吴铱 6 位专家入选。《峥嵘其途 璀璨其生——中国现代林业教育先驱张海秋》由李强撰写。

曲仲湘年谱

（自云南大学）

• 1905年（光绪三十一年）

5月16日，曲仲湘出生于河南省唐河县。曲仲湘（Kuei Lingchu, Qu Zhongxiang, Qu, Z.X., Kwei-Ling Chu, C.L.Chu, Chung-Hsiang Chu, C.H.Qu），字桂龄，又名曲桂龄、曲仲香。

• 1917年（民国六年）

是年，曲仲湘于河南省唐河县立高级小学毕业，考取省立留学欧美预备学校，学习5年，1922年结业。

• 1922年（民国十一年）

是年，曲仲湘于省立留学欧美预备学校结业，到北京考入协和医学校，在此校学习了1年多。北京协和医学校，清光绪三十二年（1906年）英国伦敦会创办，旋由长老会、内地会、美以美会、伦敦教会医学会和英格兰教会等五个教会加入办理，其中英、美两国各占一半。民国四年（1915年）美国洛克菲勒基金会驻华医社接办并改组学校，更名为私立北平协和医学院。

12月8日，私立东陆大学由云南省都督唐继尧所创办，唐继尧和王九龄当选名誉校长，董泽为校长。1934年更名为省立云南大学，简称云大。

• 1923年（民国十二年）

是年，曲仲湘因家道中衰而辍学1年。

4月20日，东陆大学会泽院奠基并举行开学典礼。

• 1925年（民国十四年）

是年，曲仲湘回到开封，升入省立中州大学预科。1922年河南留美预备学校升格为中州大学，以河南留学欧美预备学校（当时全国三所留学培训基地之一）为基础正式建成，原河南留学欧美预备学校校长张鸿烈仍为校长。

• 1926年（民国十五年）

是年，曲仲湘转入南京中央大学生物系。

• 1928 年（民国十七年）

是年，在中国科学社会生物研究所及秉志教授帮助下，晓庄科学社及晓庄生物室成立。

• 1930 年（民国十九年）

10 月，中国西部科学院在北碚正式建立，卢作孚任院长，刘湘任董事长，副董事长郭文钦，董事有甘典夔、温少鹤、康心如、何北衡、杨粲三、任望南、汤壶峤、郑东琴、刘航琛、周素梅、郑璧成。院址先在北碚火焰山东岳庙（今北碚图书馆红楼），1935 年迁文星湾新址。

是年，曲仲湘从南京中央大学生物系毕业，获理学学士学位。

是年，经中国科学社生物研究所介绍，曲仲湘协助陶行知先生在南京创办的晓庄师范学校建立生物学科。

• 1931 年（民国二十年）

8 月，曲桂龄在南京采集植物标本。

是年，曲仲湘到河南开封第一高中任教。

• 1933 年（民国二十二年）

是年，曲仲湘任河南信阳省立第二女子师范学校校长。

• 1934 年（民国二十三年）

6 ~ 9 月，曲桂龄在四川省宝兴县采集植物标本。

9 月，曲仲湘任中国科学社生物研究所采集员、研究员和中国西部科学院生物研究所植物部研究员。

• 1935 年（民国二十四年）

5 月，曲仲湘任中国西部科学院生物研究所植物部主任。

5 月，中国西部科学院生物研究所在四川采集，行时适逢总理陵园植物园派人来川采集种苗，并收集药材，即共同组织采集团，成员有生物所植物部主任曲仲湘、动物部主任施白南，陵园采集员贺商贤、张晓白。他们先在南川金佛山采集，后转川北通南巴采集。

8月，曲桂龄在四川省巫溪县采集植物标本。

10月，曲桂龄在四川省天全县二郎山采集植物标本。

• 1937年（民国二十六年）

4～6月，曲桂龄在四川省天全县采集植物标本。

6月30日至9月，曲桂龄在四川省宝兴县采集植物标本。

6月，曲仲湘《通南巴白木耳业调查》刊于《建设周讯》1937年第2卷第6期12～15页。

8月，曲仲湘《南江县皇柏林之过去现在及将来》刊于《建设周讯》1937年第2卷第8期1～49页。

12月，曲仲湘《四川森林之开发》刊于《建设周讯》1937年第11期15～38页。

是年，中国科学社生物研究所内迁重庆北碚。

是年夏，秦仁昌与曲桂龄一起到峨眉山采集植物标本。

• 1938年（民国二十七年）

2月3日，《嘉陵江日报》刊登《曲仲湘购买黄子裳住宅经过启事》。

9月至11月，曲桂龄在四川省巴县北碚采集植物标本。

9月，《四川之森林》（四川资源调查报告之一）由四川省政府建设厅发行，其中第一卷为曲仲湘《青衣江流域天全宝与森林调查报告》。包括第一章序言，第二章地理之一班，第三章森林现状及其变迁之程序，第四章主要林木之特性，第五章调查方法及林木材积，第六章森林材积及枕木之数量，第七章开发之计划，第八章整理之方针，第九章结论。第二卷《渠河上游万源及通南巴森林调查报告》。包括第一章地理形势，第二章森林分布之概况及其种类，第三章调查结果，第四章利用万源及通南巴等四县森林之意见，第五章渠河上游林政推行之建议，第六章森林副产物白耳之调查，第七章南江县皇柏林之过去现在之将来。

是年，曲桂龄开展四川莎草科青莞属植物研究。

• 1939年（民国二十八年）

2月，曲仲湘《经营四川森林之我见》刊于《新经济半月刊》1939年第4期

95 ~ 97 页。

4 月，曲桂龄《浙江莎草科二新种 (Two New Species Cares from Chekiang)》刊于《中国科学社生物研究所论文集（植物组）》1938 年第 10 卷第 3 号 213–218 页；同期，曲桂龄《南京维管束植物七 (The Vascular of Nanking, Ⅶ)》219–239 页。

• 1940 年（民国二十九年）

是年，曲仲湘任重庆北碚复旦大学生物系副教授并任峨眉山四川大学生物系教授。

6 ~ 8 月，曲桂龄在西康采集植物标本。

8 ~ 9 月，生物研究所所员曲桂龄、姚仲吾由康定至泰宁，西越大炮山至丹巴一带采集标本，然后经旄牛向南回康定，历时 5 个月之久，共采得标本 1100 号，计 5000 份。次年春，又在华蓥山等处进行小规模采集。

• 1941 年（民国三十年）

2 月，曲桂龄在四川省巴县北碚采集植物标本。

• 1942 年（民国三十一年）

12 月，曲桂龄在四川省峨眉县峨眉山采集植物标本。

• 1943 年（民国三十二年）

8 月，曲桂龄在四川省宝兴县采集植物标本。

• 1944 年（民国三十三年）

12 月 19 日，《教育抄送派遣国外研究人员名单并请转知有关单位拨付外汇事致财政公函》，曲仲湘在第一批派遣国外研究人员 57 名中。

• 1945 年（民国三十四年）

是年，曲仲湘被选派出国留学，在加拿大多伦多大学学习，后转入美国明尼斯达大学研究院，在美国著名的生态学家 William S.Cooper 的指导下，学习英美植物生态学的理论及方法。威廉·斯金纳·库珀（William Skinner Cooper,

1884.8.25 ~ 1978.10.8)，美国著名生态学家。他 1906 年在密歇根州阿尔玛学院获得学士学位，1909 年进入芝加哥大学研究生院，与 Henry Chandler Cowles 一起学习并于 1911 年获得博士学位。1913 年他的第一本重要出版物《The Climax Forest of Isle Royale，Lake Superior，and Its Development》出版。1914 ~ 1915 年暂时在斯坦福大学任植物生态学讲师，之后他长期在明尼苏达大学植物学系工作，1915 ~ 1951 年在明尼苏达大学任教，之后他到加州大学伯克利分校讲授"生态系统学"，并于 1952 年获得加州大学伯克利分校的"杰出教学奖(Distinguished Teaching Award)"。1936 年担任美国生态学会会长，1937 年任明尼苏达科学院长。另外，在 1956 年和 1963 年分别获得美国植物学会贡献奖(the Botanical Society of America's Merit Award)和美国生态学会杰出生态学家奖(the Eminent Ecologist Award)。1916 年他完成旅行并提名阿拉斯加州冰川湾(Glacier Bay)为国家公园或纪念碑，他还在阿拉斯加大学布莱恩·布马博士主持的冰川湾盆地建立世界上最古老的冰川后地区永久性地块网络。在 1922 年美国生态学会年会上，库珀领导起草决议并请卡尔文·柯立芝总统把这个海湾命名为纪念碑。1935 年他出版的关于冰川湾盆地晚期冰川和冰后环境的专著被认为是一部经典著作。美国生态学会设立威廉·斯金纳·库珀奖(William Skinner Cooper Award)，每年颁发给在地植物学、地理生态学、植物演替或地带性植被做出贡献的科学家。

3 月，曲仲湘《西康泰宁附近草地之初步研究》刊于《复旦学报》1945 年第 2 期 281 ~ 320 页。

• 1946 年(民国三十五年)

9 月，国立复旦大学海洋组(附设在生物系)招收第一届新生 20 名。

• 1947 年(民国三十六年)

是年，曲仲湘、朱彦丞《云南丽江雅砻山之植物群落》于 1947 年由云南大学出版社出版。

• 1948 年(民国三十七年)

3 月，曲仲湘获美国明尼斯达大学研究院植物生态学硕士学位，回到上海任复旦大学生物系教授兼南京大学生物系教授。曲仲湘给国立复旦大学海洋组(附

设在生物系）招收第一届学生讲授湖沼学。

6 月，曲仲湘《生物科学在美国》刊于《科学杂志》1948 年第 6 期 178 ～ 192 页。

12 月，曲仲湘《无锡太湖初次实习报告》刊于《科学世界》1948 年第 12 期 430 ～ 432 页。

• 1949 年

8 月 7 日，郑万钧、曲桂龄和华敬灿考察水杉产地。郑万钧、曲仲湘《水杉坝的森林现状》刊于《科学》1949 年第 31 卷第 3 期 73 ～ 80 页。

• 1950 年

4 月，曲仲湘与美国 William S.Cooper 教授合作，在美国《生态学杂志》上发表《水杉树原产地的生态学调查》（Kwei-Ling Chu，William S.Cooper《An ecological reconnaissance in the native home of *Metasequoia glyptostroboides*》刊于 1950 年《Ecology》第 31 卷第 2 期 260 ～ 278 页）论文，引起国际学术界极大的关注和称赞。这篇具有国际水平的学术论文，是曲仲湘的代表作。该文在国际水杉研究中的贡献和价值在于填补生态环境和群落学方面研究的空白，更进一步丰富国际水杉研究资料。同时，也为水杉的生长、繁殖、引种、栽培和保护利用提供了科学依据。

• 1952 年

1 月，曲仲湘、文振旺、朱克贵《南京灵谷寺森林现况的分析》刊于《植物学报（Journal of Integrative Plant Biology）》1952 年第 1 期 18 ～ 45 页。

是年，曲仲湘在上海加入九三学社。

是年，曲仲湘率队到海南岛至 1954 年，进行橡胶宜林地的调查研究工作，完成《海南岛五指山、吊罗山调查报告》《海南岛西部和西南部植物调查报告》等极有价值的研究论文。此后，他又参加云南西双版纳橡胶宜林地的选择和扩大栽培调查研究工作。橡胶是新中国极为缺乏的工业原料，为创建中国西双版纳的橡胶生产基地，曲仲湘做出重要贡献。

• 1953 年

3 月，曲仲湘、文振旺《琅玡山林木现况的分析》刊于《植物学报》1953 年

1卷第1期18 ~ 49页。

是年初，由著名蕨类植物学家秦仁昌先生倡议在云南大学农学院成立中国植物学会昆明分会，第一届理事会由秦仁昌任理事长，理事会由秦仁昌、蔡希陶、朱彦丞、徐永椿、冯国楣、徐文宣等组成，1979年更名为云南植物学会。

• 1954年

8月10 ~ 31日，复旦大学生物系植物教研组在曲仲湘教授的计划下，组织了7人的调查队对安徽黄山进行了野外调查。在此基础上，1956年8月31日在曲仲湘教授的指导下，胡嘉琪、吴玉树完成《安徽黄山植被概况》，由云南大学生物系刊印。

是年，曲仲湘、周纪伦、姜汉侨《一次收效良好的课程实习》刊于《复旦杂志》1954年第5期34页。

• 1955年

4月，曲仲湘、文振旺《南京栖霞山林木现况的观察》刊于《复旦学报（自然科学）》1955年第1期123 ~ 144页。

• 1956年

2月，九三学社社员、上海复旦大学教授曲仲湘，讲师钱澄宇调到云南大学生物系任教。为使生态学研究与社会主义建设的需要紧密地联系起来，使云南得天独厚的自然优势转化为经济优势，结合热区的开发利用，曲仲湘首先着手组织云南植被和自然保护区调查研究工作。

3月，九三学社中央直属云南大学小组（1956.3 ~ 1956.11）在云南大学宣告成立，由曲仲湘任组长，组员有潘炳猷、许绍南、彭德树、秦瓒、刘文典、方国瑜、刘尧民、徐文宣、郭树人、钱澄宇等共11人[5]。

是年，中国植物学会昆明分会第二届理事会由蔡希陶任理事长，理事会由蔡希陶、朱彦丞、徐永椿、冯国楣、徐文宣等人组成。

9月，高教部下发的各高校一、二、三级教授名单：云南大学一级教授刘文

[5] 九三学社在云南的创立和发展 [EB/OL]. [2013-11-13].http://www.93yn.org/content2598

典，二级教授朱彦丞、曲仲湘、刘尧民、方国瑜、纳忠。

9 月，曲仲湘《海南岛青梅林的发现》刊于《林业科学》1956 年第 3 期 279 ～ 281 页。

11 月，九三学社昆明分社筹备委员会（1956.11 ～ 1959.2），主任委员秦瓒，副主任委员曲仲湘（兼组织部长）。

12 月 1 日，经九三学社中央批准，在昆明胜利堂召开昆明九三学社社员大会，成立九三学社昆明分社筹备委员会。推选方国瑜、刘文典、曲仲湘、李清泉、苗天宝、秦瓒、戴丽三为筹委会委员。由秦瓒担任主委、曲仲湘任副主委、同时还成立九三学社云南大学、昆明工学院、云南农林学院 4 个支社和 1 个综合性科技小组。

是年，曲仲湘组织第一个综合性的丽江玉龙山地貌和植被调查，编写《云南丽江玉龙山植被调查报告》。

• 1957 年

3 ～ 5 月，由著名科学家曲仲湘、吴征镒、蔡希陶、朱彦承等和几位苏联专家组成的中国科学院云南生物综合考察队植被组，沿昆洛公路考察思茅地区植被，写出中国科学院云南生物综合考察队植被组总结报告，绘制《昆洛公路沿线植被路线图》，指出植被分布及演变规律，提出划分植被类型及土地利用方面的意见。

7 月，曲仲湘《对云南植被的一点粗浅概念》刊于《云南大学学报》1957 年第 2 期 45 ～ 54 页。

7 月 2 日，《云南日报》第 1 版刊登《九三学社云大支部连日开会——继续揭发秦瓒的反动言论》，九三云大支部方国瑜、任玮、曲仲湘、杨振嶽、刘尧民、李从弼继续揭发秦瓒。1957 年 8 月 10 日，九三学社昆明分社筹委会宣传部编印《右派分子秦瓒反动言论及有关材料》和九三学社昆明分社筹委会编印《右派分子秦瓒的反动面貌》。秦瓒（1898 ～ 1988 年），河南省固始县人，美国哥伦比亚大学经济学硕士，著名经济学家，1928 年 9 月任北京大学教授，经济系主任，1937 年抗战爆发，秦瓒力主西南联合大学南迁昆明。1945 年抗战胜利，受聘于云南大学任教授、经济系主任。1956 年加入九三学社，在第一次社员大会上，被选为九三学社昆明分社筹备委员会主任委员。解放后，秦瓒历任西南军政委员会文

教委员、云南省政府委员，云南省教育厅副厅长，云南省政协一、二、三、四届委员。1984年秦瓒当选为九三学社云南省委第一届委员会副主任委员。

12月，《云南大学学报·自然科学（云南丽江玉龙山植被调查专号）》（1957年第4期）出版，由曲仲湘、朱彦丞、邱莲卿、金振洲、任美锷、刘振中、雍万里、包浩生、韩同春、李锡文、唐廷贵、薛纪如、姜汉侨、朱继明编。曲仲湘、李锡文、唐庭贵的《玉湖湿生草地群落的夏季季相》刊于《云南大学学报（云南丽江玉龙山植被调查专号）》1957年第4期131 ~ 144页。

12月，曲仲湘、江汉侨、王文杰编《植物生态学讲义（包括植物生态学、地植物学、植物地理学部份）》（油印本）由云南大学生物系生态地植物教研室刊印。

是年，曲仲湘任云南大学生物系主任。

• 1958年

3月23日，民盟省委同云南其它民主党派和无党派民主人士在昆明胜利堂联合召开自我改造跃进誓师大会。寸树声主委致开幕词，张天放、陈一得、王少岩、曲仲湘、赵雁来先后讲话，表示要加强自我改造，把心交给共产党，把"资产阶级知识分子"改造成无产阶级知识分子，把"资产阶级政党"改造成为社会主义服务的政治力量。

7月，《吴征镒自定年谱》：吴征镒参加橡胶北移问题讨论会和国家大地图集的编纂委员会，与竺老（竺可桢）召集侯学煜、曲仲湘等讨论中国亚热带界线问题。

是年，中国植物学会昆明分会第三届理事会由植物生态学家朱彦丞任理事长，理事会由朱彦丞、吴征镒、蔡希陶、冯国楣、徐永椿、吴少萍等7人组成，会员已发展到50余人。

是年，中国科学院与苏联科学院签订"云南热带森林生物地理群落定位研究"的国际合作协议。

是年，吴征镒、曲仲湘参与中国第一个森林生态站——西双版纳热带森林生物地理群落定位站的选点，并且吴征镒和曲仲湘教授负责具体群落站领导工作，开始包括植被、气候、土壤等学科的长期定位观测研究。与此同时，为了探寻人与自然和谐相处共同发展的具体模式，在蔡希陶教授、曲仲湘教授及吴老的努力下，在勐仑热带植物园，开展中国科学院的重大科研课题《热带多层多种人工

群落研究》。课题负责人由吴征镒牵头，与曲仲湘教授及冯耀宗共同主持。这样，一方面是天然规律的探索解释，另一方面是按照自然规律进行人工模拟。这就是吴老全球战略的全盘构想和具体行动。[6]

是年，朱彦丞教授和生物系的教师，结合指导学生毕业论文工作，开展对景东无量山、西双版纳自然保护区、临沧以及滇东等地的植被的调查工作，于1960年出版《云南自然保护区植被调查专号》。同时，应中国科学院邀请，他和曲仲湘教授一道陪同苏联专家苏卡乔夫院士到西双版纳选点建立中苏合作的“热带森林生物地理群落定位站”，参与勘察及评议工作。此外，朱彦丞教授还为“哀劳山生物定位站”的建立做了大量的基础工作。

是年，《植物生态学与地植物学丛刊》成立第一届编委会，主编李继侗，编委刘慎谔、曲仲湘、仲崇信、汪振儒、阳含熙、吴征镒、吴中伦、林英、侯学煜、崔友文、张宏达、钱崇澍。

12月，曲仲湘任九三学社第五届中央委员会委员。

• 1959年

2月，九三学社昆明分社筹委会召开第三次社员大会，传达九三学社中央第二次社员代表大会精神，会上正式成立九三学社昆明分社委员会，并选出方国瑜、刘尧民、曲仲湘、李枢、李清泉、诸宝楚、潘炳猷、戴丽三、卢浚为分社委员，曲仲湘任主任委员，刘尧民任副主任委员并兼任秘书长。

4月11日，中国人民政治协商会议第三届全国委员会由中国人民政治协商会议第二届全国委员会常务委员会第五十四次会议通过产生，委员1071人，任期自1959.4 ~ 1965.1，曲仲湘为教育界委员。

4月30日，《人民日报》刊登《发展生物资源科学 曲仲湘委员谈研究云南生物资源的情况》一文。

• 1960年

1月，九三学社昆明分社曲仲湘在云南省政协第二届委员会第二次会议发言《坚持先进 推广先进 不断提高各种农作物产量》《加强自我改造，在又红又专的

[6] 冯耀宗。吴征镒院士的“全球战略”追求，2010-05-14. http://www.cas.cn/wh/SWXS/201005/t20100518_2847187.shtml

道路上继续前进》和《生态地植物学的发展前途》。

1 月,《云南大学学报(自然科学)》《云南热带亚热带自然保护区植被调查专号,1 ~ 166 页》出版。专号包括 5 个自然保护区的植被调查报告，其中大勐龙、勐仑、勐腊及勐养等 4 个自然保护区在西双版纳境内，景东无量山自然保护区在景东境内,5 个自然保护区都排列在澜沧江两岸分布在北纬 21° ~ 25°之间。其中，曲仲湘《云南热带、亚热带自然保护区植物调查》刊于 1 ~ 4 页。

7 月，九三学社昆明分社社员曲仲湘、唐耀、李清泉、李枢、杨貌仙赴北京参加由 4 个民主党派中央联合举行的会议，受到党和国家领导人的接见。

• 1961 年

8 月，九三学社昆明分社第二届委员会(1961.8 ~ 1980.2)，主任委员曲仲湘(兼组织部长)，副主任委员刘尧民(兼秘书长)、方国瑜。

9 月 15 日，曲仲湘《农业服务中得到发展》刊于云南省学术研究编委会编《学术研究》1961 年第 3 期。

• 1962 年

12 月 6 ~ 12 日，广西花坪自然保护区规划座谈会在桂林召开，广西科委刘春安副主任到会主持会议，这次座谈会是在花坪林区综合考察的基础上召开的。会上综考队对林区的自然条件及自然资源概况作了汇报，报告了花坪自然保护区规划草案，并印发了十三个专业考察报告，还展出了综考队各专业组的考察成果。出席这次座谈会的有中国科学院植物研究所生态地植物研究室候学煜主任、王献溥同志，中国科学院北京植物园俞德浚主任，中国科学院植物研究所昆明分所吴征镒所长，中国科学院微生物研究所邓叔群副所长，中国科学院地理研究所吕炯先生，中国科学院林业土壤研究所李万英主任、方永鑫同志，中国科学院土壤研究所石华同志，云南大学曲仲湘教授，广西林学院林学系蔡灿星主任，广西师范学院生物系陈伯康主任，地理系莫大同副主任，广西气象局岑楼先生，广西植物研究所钟济新所长、倪兴仁副所长、植物资源研究室陈立卿主任、梁畴芬副主任、李树刚先生，林区管理处办公室叶金石副主任、科研室黄正福副主任，以及综考队各专业组代表杨炳照、陈焕禄、周继舜、陈永昌、袁淑芬、袁瑞中、叶栋、唐步瀛、尤其儆、陈书况、张国强等 40 余人。专家们认为在自然保护区开

展科学活动有着重要的意义，自然保护区工作一开始就组织大规模的综合考察工作、收集各方面的资料的做法很好，为自然保护区工作的先范。

• 1963 年

3 月，在西双版纳景洪召开热带生物地理群落站 4 年（1959 ～ 1962 年）总结会议，并制定 10 年远景规划，中科院副院长竺可桢和北京植物所汤佩松副所长到会，竺可桢、汤佩松、吴征镒、朱彦丞、黄秉维、曲仲湘、周光倬等参加会议。但此站工作于 1 年后终止。

4 月，曲仲湘《植物群落定位研究的展望》刊于《云南大学学术论文集，第 2 册生物分册，纪念校庆四十周年（1923－1963）》1 ～ 20 页。

5 月，曲仲湘、吴玉树《植物生态学的研究概况及其与农业的关系》刊于《生物学通报》1963 年 5 期 1 ～ 3 页。

8 月，九三学社昆明分社举行第四次社员大会，选举产生第二届分社委员会，曲仲湘任主委（兼组织部长），刘尧民（兼秘书长）、方国瑜任副主任委员，方国瑜、卢濬（兼宣传部长）、曲仲湘、刘尧民、李枢、李清泉、李榆仙、诸宝楚、唐耀、潘炳猷、戴丽三任委员。

10 月，曲仲湘、吴玉树、王焕校《对植物生态类型的系统发展概念的探讨》、曲仲湘《我国南方森林中缠绕藤本植物的初步观察》《对植被分类理论基础的探讨》分别刊于中国植物学会编、中国科学技术情报研究所刊印《中国植物学会三十周年年会论文摘要汇编》第 243 页、280 页和 316 页。

1963.12.25 ～ 1964.1.9，中国人民政治协商会议第三届云南省委员会第一次全体会议在昆明举行。会议选举闫红彦为中国人民政治协商会议第三届云南省委员会主席，赵健民、孙雨亭、寸树声、刀京版（傣族）、吴志渊、赵钟奇（回族）、龙泽汇（彝族）、张子斋（白族）、曲仲湘、胡忠华（侗族）10 人为副主席，周韧为秘书长，常务委员 57 人。

• 1964 年

1 月 9 日，曲仲湘当选为云南省政协副主席，至 1966 年。

12 月 20 日，全国政协四届一次会议开幕，全国政协委员、九三学社昆明分社主委曲仲湘出席。

1 月，曲仲湘《我国南方森林中缠绕藤本植物的初步观察》刊于《植物生态学与地植物学丛刊》1964 年第 1 期 1 ～ 9 页。

是年，经省教育厅批准，云南大学生态地植物研究室成立，曲仲湘任研究室主任。从 20 世纪 50 年代至 60 年代中期，云南大学汇集了以曲仲湘、朱彦丞等为代表的多位著名学者，集英美学派、法瑞学派、苏联学派等三大学派为一体，成为中国生态学研究的学术重镇。1984 年扩建为云南大学生态地植物研究所。

• 1965 年

1 月 5 日，政协第四届全国委员会第一次会议选举产生，曲仲湘为教育界委员。

1 月，R.F. 道本迈尔著，曲仲湘、邱连卿、吴玉树等翻译《植物与环境》由科学出版社出版。

4 月 3 日，《人民日报》4 日报道：国务院副总理兼外交部长陈毅元帅结束了对阿富汗、巴基斯坦和尼泊尔的友好访问后，今天下午乘专机回到昆明，受到云南省和昆明市党政军负责人的热烈欢迎。随同陈毅副总理前往访问的外交部副部长韩念龙和外交部第一亚洲司司长张彤，也同机到达昆明。到机场欢迎的有：中共云南省委第一书记阎红彦，省委书记处书记、云南省省长周兴，以及云南省和昆明市党政军各方面负责人赵健民、刘明辉、刘披云、张天放、史怀璧、秦基伟、李成芳、胡荣贵、寸树声、龙泽汇、曲仲湘、黎韦等。

10 月，云南大学生态植物研究室曲仲湘指导研究生毕业，论文为《云南武定狮子山的元江栲林群落的调查研究》。

12 月 30 日，《人民日报》讯：曲仲湘担任钱崇澍委员治丧委员会委员。

• 1973 年

3 月，云南省环境保护第一次会议在昆明召开，曲仲湘在会上做了《环境保护的重大意义》的学术报告。

10 月，中国科学院召开的植物生态学和地植物学工作会议，于 10 月 29 日～ 11 月 10 日在昆明举行，到会的有全国 18 个省、市自治区的 48 个科研、生产和教学单位，曲仲湘在会上做了《环境保护与生态学》的学术报告。

• 1974 年

4 月，曲仲湘《谈谈环境保护和环境污染问题》刊于《云南科技》1974 年第 2 期 1 ~ 5 页。

是年，曲仲湘完成《昆明地区工矿环境污染调查总结报告》《关于环境保护的几个问题》。

• 1975 年

5 月 14 日，西南地区资源开发与环境保护学术会在云南大理举行。由四川、贵州、云南和重庆三省一市环境科学学会联合召开的第七次学术会于 5 月 14 ~ 17 日在云南省大理市举行。参加会议的专家、学者及环保科技工作者共 54 人，著名环境科学专家曲仲湘教授参加会议。这次会议主题是资源开发利用与环境保护问题。会上共收到论文 40 篇，除进行大会学术交流及分组讨论外，还对洱海及大理的环境现状作了实地考察。

• 1976 年

4 月，云南大学生物系统生态地植物学组编著《植物生态、植物群落基础知识》由科学出版社出版，曲仲湘参加编写。

是年，曲仲湘在全国造林绿化净化大会第一次科研协作会议上做学术报告《植物净化大气污染的效益和规划》。

是年，曲仲湘在全国重点大学环境科学学术协作会议上做学术报告《环境科学的展望》。

• 1977 年

11 月，九三学社昆明分社主委曲仲湘召集分社委员传达中共云南省委关于恢复民主党派组织生活的批示，并提出了恢复社务工作的计划。

12 月 12 ~ 16 日，中国人民政治协商会议第四届云南省委员会第一次全体会议在昆明举行，选举安平生为中国人民政治协商会议第四届云南省委员会主席，吴志渊、孙雨亭、赵健民、吴作民、刘披云、李握如、寸树声、张天放、王少岩、龙泽汇（彝族）、张子斋（白族）、陈方、曲仲湘、李和才（哈尼族）、刀栋庭（傣族）、司拉山（景颇族）16 人为副主席，秘书长吴志渊（兼）和 65 名常务委员。

• 1978 年

3 月 8 日，政协第五届全国委员会第一次会议选举曲仲湘为委员。

3 月 18 ～ 31 日，全国科学大会在北京召开。

7 月中旬，国家科委环境保护专业组的成员应邀出席在太原召开的全国环境保护科研会议，并在环境保护专业组组长曲格平同志和副组长郭方同志的主持下举行环境保护专业组第二次会议，曲仲湘出席会议。会上，讨论了环境保护专业组的主要任务和职权范围，并提出充分发挥专业组作用积极开展工作的建议。

• 1979 年

3 月 21 ～ 30 日，中国环境科学学会成立大会在成都举行，李超伯当选为学会理事长，李苏、钱信忠、马大猷、曾呈奎、曲仲湘、过祖源、刘东生、陈西平被选为副理事长，陈西平兼任秘书长。学会设立学术委员会、编辑委员会和科学普及、教育工作委员会。

6 月，曲仲湘《植物生态学的新进展》刊于《植物杂志》1979 年第 3 期 3 ～ 4，7 页。

6 月，国家科委批准研究所主办《云南植物研究》学报。吴征镒任主编，蔡希陶任副主编，王灵昭、冯国楣、冯耀宗、曲仲湘、朱彦丞、李锡文、张敖罗、周俊、段金玉、徐永椿、唐耀、臧穆等组成第一届编委会，由吕春朝任编辑。

6 月，中国人民政治协商会议第五届全国委员会第二次会议于 1979 年 6 月 15 日～ 7 月 2 日在北京举行，曲仲湘向会议提交《发展环境科学加强环境保护为四个现代化创造有利条件，保障人民健康为子孙后代造福》的提案，此提案第一分册（共四册）279 页，包括《严禁围湖造田，发展淡水资源》的提案。

9 月，1968 年从云南林业学院毕业的周鸿考取云南大学生物系硕士研究生，师从曲仲湘。

10 月，曲仲湘《环境生物学的兴起和展望》刊于《环境保护》1979 年第 6 期 1 ～ 4 页。

10 月，曲仲湘被聘为中华人民共和国国家科学技术委员会环境保护专业组成员。

10 月，九三学社中央召开第三次全国代表大会，九三学社昆明分社有 6 位代表出席，1 人列席。曲仲湘、方国瑜当选为中央委员。

11 月 27 日 ~ 12 月 3 日，中国生态学学会第一届全国会员代表大会在昆明召开。大会一致推选马世骏为理事长，候学煜、李冠国、刘健康、吴中伦、夏武平、熊毅、阳含熙、张树中、张新铭、朱彦丞为副理事长，陈昌笃、费鸿年、蒋有绪、林昌善、马世骏、庞雄飞、钱国桢、曲仲湘、孙儒泳、王献溥、阎铁、朱济凡为常务理事。

11 月，云南省微生物研究所经国家科委正式批准成立，属于云南省科学技术委员会和云南大学双重领导，由云南大学实行党、政业务全面管理，以从事开发利用云南省丰富的微生物资源为主的独立型科研所，曲仲湘任云南省微生物研究所第一任所长（1979 ~ 1982 年），云南省微生物研究所筹备组组长、所长，云南省微生物学会第一届理事长。

是年，中国植物学会昆明分会第四届理事会由朱彦丞继续担任理事长，并增补藏穆、连钝为理事，理事会由 10 人组成。中国植物学会昆明分会更名为云南植物学会。

• 1980 年

1 月 2 日，第四届云南省政协常委会第六次会议在昆明召开，李启明主席主持会议，朱家璧、龙泽汇、曲仲湘、司拉山、王捷三、谷佑箴、杨明、王启明、项朝宗、张相时、马惠亭、保洪忠、金琼英副主席以及常委 52 人出席会议。

2 月，九三学社昆明分社举行第五次社员大会，大会选举产生九三学社昆明分社第三届委员会（1980.2 ~ 1983.9），曲仲湘为主任委员，方国瑜、李清泉、秦瓒委副主任委员，李清泉兼秘书长，方国瑜、马光辰、卢濬、曲仲湘、任玮、李清泉、李榆仙、张以文、诸宝楚、唐耀、秦瓒为委员。

3 月，曲仲湘、周纪伦《生态系统与环境治理》刊于《自然辩证法通讯》1980 年第 1 期 54 ~ 57 页。

3 月，云南省环境科学学会成立，由云南省建委邹桂岩、代先义及云南大学教授曲仲湘、昆明工学院教授于仪等人发起。第一届理事会理事长曲仲湘，副理事长于仪、邹桂岩、蒋家竹，秘书长代先义，副秘书长杨静娴、谢金伦。

3 月 8 ~ 9 日，云南省微生物学会在昆明二招举行首届学术会议并宣告成立，第一届理事长曲仲湘，秘书长盛玲玲。

6 月，曲仲湘《环境生物学的兴起和发展》刊于《百科知识》1980 年第 3 期

58 ~ 61 页。

6 月，曲仲湘《充满生机的新兴科学》刊于《环境杂志》1980 年第 3 期 4 ~ 5 页。

6 月，曲仲湘《环境科学的展望》刊于《教育部直属高等学校环境科学第一次学术讨论会论文集》1 ~ 8 页。

7 月，云南大学生物系曲仲湘等编写《植物生态学》由人民教育出版社出版，该书被审定为高等院校生物系教材，被列为全国报考生态学研究生的基本教材。

9 月，农业部为了进一步提高农业院校植物生态学的教学水平，帮助开好农业院校的植物生态学课程，于 9 ~ 11 月，委托南京农学院举办“全国高等农业院校植物生态学教师讲习班”，由李扬汉教授负责主持，邀请国内知名的植物生态学专家、教授，以系统讲授与专题报告相结合的方式，采取课堂教学配合野外实习，同时举行座谈，交流情况和解答问题。云南大学曲仲湘教授参加会议。

12 月，云南省植物学会第五届理事会召开代表大会，吴征镒任理事长，并聘请蔡希陶、曲仲湘、唐耀、徐永椿为名誉理事长。

• 1981 年

2 月 6 日，九三学社昆明分社举行迎春茶话会，出席社员 60 余人。曲仲湘主委在会上讲话，号召社员学好党的三中全会以来的方针政策，为“四化”建设奉献聪明才智。

2 月，曲仲湘《漫谈生态系统——螳螂捕蝉焉知黄雀在后》刊于《大自然》1981 年第 2 期 24 ~ 26 页。

3 月，曲仲湘、周鸿《新兴起的环境生物学》刊于中央人民广播电台科技组，科学普及出版社编辑部编《趣味生物知识》[M].1981 年 26 ~ 30 页。

6 月 13 日，第一届国务院学位委员会学科评议组成员名单公布，曲仲湘任理学评议组成员。

8 月 21 ~ 28 日，第十三届国际植物学大会在澳大利亚悉尼召开，这次大会已有 60 多个国家、2798 名代表参加，收到论文 2500 篇。中国派出 43 人的代表团，其中有 10 位台湾植物学家。中科院植物所徐仁研究员被选为本届大会的名誉副主席，中国植物学会理事长汤佩松教授在大会上作了“中国近五十年来植物学的成就”的大会报告。台湾黄增泉、郐鸿潘教授等十人也参加这届大会。云南大学曲仲湘论文《云南植被概况（英文稿）》及实物图片引起国际同行的极大兴趣。

同时中国首次在大会上展出一百幅植物科学画，其中不少是孑遗植物和珍贵的特有植物如水杉、银杉、银杏等手绘图，中国植物科学画的展出深受国际同行的赞誉。

12 月，曲仲湘《参加第十三届国际植物学会议植物群落学组的总结报告》刊于《第十三届国际植物学会议传达报告汇编》[M].1981 年 82 ～ 85 页。

是年,《植物生态学与地植物学丛刊》成立第二届编委会，曲仲湘任常务编委。

• 1982 年

1 月，曲仲湘当选为国务院学位委员会学科评议组委员。

2 月，曲仲湘《云南昆明滇池植物群落和污染》刊于《热带、亚热带山地丘陵建设与生态平衡学术论文集》1982 年 113 ～ 117 页。

4 月，曲仲湘《生态学的全面发展》刊于《科学普及出版社编 . 选准目标立志成材——科学家向青年介绍专业与志愿（上册）》1982 年 1 ～ 3 页。

4 月，曲仲湘、王礼嫱《关于建立生态农场的设想》刊于《中国环境科学》1982 年第 2 期 18 ～ 23 页。

6 月，梵净山自然保护区自然环境科学考察成果鉴定会在贵阳举行，来自全国各地的著名专家、教授参加鉴定会，鉴定会主任委员、云南大学生物系教授曲仲湘主持会议。

7 月，曲仲湘、周纪伦《生态系统与环境治理》刊于《复印报刊资料（自然辩证法）》1980 年第 7 期 47 ～ 51 页。

8 月，曲仲湘、王焕校、吴玉树《生态平衡概述》刊于《生态学杂志》1982 年第 4 期 39 ～ 42 页。

8 月 1 日，教育部委托内蒙古大学筹办的“全国植物学生态教学教材讨论会”在呼和浩特召开，吴征镒、阳含熙、林英、曲仲湘、张宏达、祝廷成等参加会议。

10 月，曲仲湘、王焕校、吴玉树《生态平衡概述》刊于《生态学杂志》1982 年第 4 期 39 ～ 42 页。

10 月，国家科委授予全国橡胶科研协作组共同完成的“橡胶树在北纬 18° ～ 24° 大面积种植技术”国家发明一等奖证书，曲仲湘参加该项目。

12 月，曲仲湘、吴子锦《新型的农业生产模式 -- 生态农场》刊于《环境杂志》1982 年第 12 期 19 ～ 20 页。

是年，曲仲湘在题为“利用生态学原理，促进农村生产”的亚太地区国际会议上，他宣读了这篇论文，会议将生态农场列为讨论主题之一，菲律宾的《PESAM》杂志刊登了此文。

是年，曲仲湘主持国家自然科学基金《云南高原湖泊生物本底及其利用保护的研究》(国家自然科学基金（82）1101、(82）生准字 153 号)。

是年，曲仲湘任《植物生态学与地植物学丛刊》常务编委。

是年，九三学社昆明分社成立知识分子政策落实情况调查工作小组，由曲仲湘任组长。工作小组发出“知识分子政策落实情况调查表”164 份，并将所反映的问题向中共云南省委统战部、云南省政协、九三学社中央及社员所在单位汇报，协助党和政府做好此项工作。

• 1983 年

3 月，中国人民政治协商会议第七届全国委员会主席李先念在昆明接见云南省政协副主席、九三学社云南省委主任委员曲仲湘和云南省政协副主席、无党派人士金琼英。

4 月 21 ~ 30 日，云南省政协五届第一次会议在昆明举行。会议由常务主席杨明主持，常务主席朱家璧致开幕词，会议听取和审议常务主席王捷三代表四届云南省政协委员会作的《常务委员会工作报告》和常务主席曲仲湘作的《云南省政协四届一次会议以来提案处理情况的报告》。会议通过无记名投票选举，朱家璧当选为中国人民政治协商会议第五届云南省委员会主席，梁家、王捷三、龙泽汇（彝族）、杨克成（白族）、曲仲湘、曾育生、杨明（白族）、王启明、黄平、项朝宗（苗族）、张相时、马惠亭（回族）、保洪忠（佤族）、金琼英（女）14 人为副主席，杨一堂为秘书长，常务委员 76 人。

5 月，曲仲湘、李恒《滇池植物群落和污染》一文收入《滇池污染与水生生物》研究课题协作组编著、云南人民出版社出版的《滇池污染与水生生物》7 ~ 15 页。

5 月，《中国科学家辞典》编委会、山东科技出版社出版《中国科学家辞典现代第 2 分册》70 ~ 72 页收录曲仲湘。

6 月，云南省政协副主席、九三学社云南省名誉主委曲仲湘当选全国政协第六届委员。

8 月，周乐福、曲仲湘《谈农业环境保护》刊于《农业环境保护》1983 年第

4 期 7 ~ 10，25 页。

8 月，周乐福、曲仲湘《谈农业环境保护》刊于《农业环境科学学报》1983 年第 4 期 9 ~ 12，27 页。

9 月 13 日，为适应云南省经济形势发展的需要，同时为正式成立九三学社云南省委员会做好筹备工作，经九三学社中央批准，由九三学社昆明分社改建为九三学社云南省工作委员会。在工作委员会第一次会议上，选举 14 人为工作委员会委员。曲仲湘任主任委员，方国瑜、李清泉、卢浚、郑玲才任副主任委员。秘书长由郑玲才兼任，方国瑜、马光辰、卢濬、曲仲湘、任玮、李枢、李清泉、李榆仙、张以文、郑玲才、诸宝楚、唐耀、秦瓒、潘炳猷为委员。

10 月，周鸿、曲仲湘、王焕校《铅对几种农作物的影响及迁移积累规律初探》刊于《环境科学学报》1983 年第 3 期 222 ~ 234 页。

10 月，曲仲湘、吴玉树、王焕校、姜汉桥、唐廷贵编《植物生态学（第二版）》由高等教育出版社出版。

12 月，方国瑜、曲仲湘任九三学社第七届中央委员会委员、曲仲湘任常务委员。

12 月，云南省植物学会生态专业组和云南大学生态地植物研究室，受中国植物学会生态地植物专业委员会 1982 年郑州会议的委托，经过多方筹备，于 1983.12.20 ~ 1984.1.20 在昆明开办生态地植物基础知识培训班。这次培训班的对象为从事本学科的教学和科研人员，要求有大专以上程度或多年从事实际工作的考察人员，培训班共安排十八讲，曲仲湘主讲第一讲《生态学的展望》和第二讲《生态农场的概念》。

是年，曲仲湘任《植物生态学与地植物学丛刊》常务编委。

是年，曲仲湘《A Tentative Plan for the Development of Ecological Farm in China》刊于 1983 年《PESAM，Philippine》。

是年，《云南植物研究》编辑委员会成立，主编吴征镒，委员王灵昭、冯国楣、冯耀宗、曲仲湘、李锡文、肖常斐、陈维新、张敖罗、赵树年、周俊、姜汉侨、段金玉、徐永椿、唐耀、裴盛基、薛纪如、臧穆。

是年，哀牢山生态站 1981 年建立以后，哀牢山生态站、云南大学生物系、云南大学生态地植物研究室、云南微生物研究所、云南地理所、中国科学院昆明植物研究所、中国科学院昆明动物研究所等单位协作，于 1983 年完成对哀牢山

自然资源的本底调查，编辑《云南哀牢山森林生态系统研究》论文集，该书吴征镒主编，云南大学的曲仲湘和姜汉侨任副主编，编委是国内的有关学者马世骏、江爱良、阳含熙、李庆逵、李文华、何敬真、夏武平、蒋有绪。《云南哀牢山森林生态系统研究（1983）》1987 年 12 月由云南科技出版社正式出版。

是年，经云南省教育厅批准成立云南大学生态学与地植物学研究所，其前身是 1956 年创建的云南大学生态学与地植物学研究室，由曲仲湘、朱彦丞、姜汉侨先生规划、组织并领导生态所的建设工作。姜汉侨 1980 年任生物系副主任兼任生态学与地植物学研究所所长，1983 ~ 1991 年任云南大学副校长，1984 年起兼任云南大学生态学与地植物学研究所所长。

• 1984 年

2 月 14 ~ 19 日，全国生态经济科学讨论会暨中国生态经济学研究会成立大会在北京举行，曲仲湘提交题为《生态经济学的兴起》的论文，这是他把自然科学与社会科学结合、把生态学原理与经济学规律相结合的很好尝试，受到同行的重视和肯定。

3 月 27 日 ~ 4 月 1 日，中国生态学学会第二届全国会员代表大会在桂林召开。大会一致推选马世骏为理事长，李冠国、林英、曲格平、夏武平、阳含熙为副理事长，方心芳、费鸿年、侯学煜、罗钰如、蒲蛰龙、曲仲湘、王战、吴中伦、熊毅、朱济凡为顾问。

5 月，曲仲湘、郭慧光《生态经济学的兴起》刊于《西南农村经济》1984 年第 5 期 10 ~ 14 页。

是年，哀牢山自然保护区综合考察由云南省林业厅和云南省林学会领导，云南省林业调查规划院牵头组织实施，邀请昆明生态研究所、西南林学院、云南师范大学、昆明动物研究所、云南林业科学院等单位的专家参加，共 60 余人。省林业厅副厅长、省林学会副理事长吴广勋任考察团长，聘请曲仲湘、吴征镒、徐永椿、潘清华、薛纪如、任玮、姜汉侨、金振洲等为顾问。参与的学科包括地质地貌、气候水文、森林土壤、植物植被、森林资源、哺乳类动物、鸟类动物、两栖爬行类动物、昆虫、大型真菌、生态经济等。考察集中外业时间为 9 ~ 11 月。因季节关系，昆虫学科提前于 5 月开始，两栖爬行动物在 8 月进行，地质学科则在 1985 年元月才告结束。考察的综合报告和各学科专题报告汇编成《哀牢山自

然保护区考察报告集》，全书约 45 万字，彩照 60 幅，于 1988 年由云南民族出版社出版。

11 月 1 日，云南省人大常委会召开森林法大型座谈会，省人大部分常委和正在这里参加学习的全省各地、县人大常委会主任，以及省绿化委员会、省林业厅、公安厅、省检察院、省高级法院等二十多个单位的有关同志参加会议，省政协副主席、云南大学曲仲湘主持座谈会。

12 月，九三学社云南省工作委员会在昆明召开第四次社员代表大会，正式宣布成立九三学社云南省委员会，并选举第一届委员会委员 35 人，常务委员 17 人，曲仲湘任主任委员，李清泉、卢濬、郑玲才、赵丛礼为副主任委员，秘书长陈辅德，马光辰、卢濬、任玮、曲仲湘、朱瑞麟、刘清和、孙剑如、何大章、李枢、李清泉、杨绍廷、陈辅德、郑玲才、赵丛礼、唐耀、诸宝楚、黄学伦为常务委员。

12 月，孙鸿良、曲仲湘《生态农场与环境保护》刊于《中国环境科学》1984 年第 6 期 8 ~ 11 页。

12 月，曲仲湘《环境保护有关问题的探讨》和《关于建立环境学的探讨》分别刊于《中国环境科学学会年会论文摘要》第 6 页和 15 页。

12 月，云南省植物学会植物生态专业组编印《云南省植物生态学第二次学术讨论会论文（摘要）集》，其中第 1 篇为曲仲湘《城市生态学的兴起》一文。

• 1985 年

3 月,《曲仲湘：祝贺 < 生态经济 > 创刊》刊于《生态经济》1985 年第 1 期第 3 页。

3 月 15 ~ 21 日，中国草原学会在昆明市举行第二次代表大会暨第三次学术讨论会。会议期间，云南省副省长朱奎、李振友、云南大学校长姜汉侨教授、曲仲湘教授、中国科学院学部委员、昆明植物研究所吴征镒所长、云南省农业科学院孙方院长等到会祝贺与指导。

4 月，曲仲湘、郭慧光《生态经济学的兴起》刊于中国生态经济学会编《中国生态经济问题研究》1985 年 17 ~ 24 页。

7 月，曲仲湘、赵丛礼《环境保护问题及关于建立环境学的探讨》刊于《环境科学丛刊》1985 年第 7 期 3 ~ 12 页。

7 月，曲仲湘、赵从礼《环境保护问题及关于建立环境学的探讨》刊于《环境污染治理技术与设备》1985 年第 7 期 1 ～ 10 页。

8 月，曲仲湘《环境生物学的兴起和展望》刊于环境保护杂志社编《环境保护》（十年选编）1985 年 1024 ～ 1026 页。

9 月 5 日，中国陶行知研究会与中国陶行知基金会在北京正式成立。成立大会选出名誉会长张劲夫，顾问史良（女）、许德珩、王昆仑、叶圣陶、楚图南、萨空了、孙起孟、高士其、张友渔、陈翰笙、阳翰笙、艾青、曹靖华、贺绿汀、孟波、陆璀（女）、陆诒、吴树琴（女）、王西征、毛礼锐、陈友松、陆静山、曲仲湘、操震球、王琳、董纯才、郑伯克、马飞海、舒文、杭苇、段力佩、白彦、王越、刘宪曾、肖杏郁、刘若曾，会长刘季平，副会长千家驹、方明、韩作黎、魏心一、吴立奇、郑康、胡晓风、杨应彬、陆维特、王承绪、李绵、陈贻鑫、吴畏。

10 月，曲仲湘、刘景岳《云南森林的自然生态及其发展》刊于《中国环境科学》1985 年第 5 期 44 ～ 46 页。

是年，《云南植物研究》编辑委员会成立，主编吴征镒，委员王灵昭、冯国楣、冯耀宗、曲仲湘、李锡文、肖常斐、陈维新、张敖罗、赵树年、周俊、姜汉侨、段金玉。

• 1986 年

4 月 19 日，九三学社云南省委召开社员大会，由全国人大代表李榆仙，全国政协委员曲仲湘、赵从礼分别传达全国六届四次人大、六届四次政协及九三学社中央全委会议精神。

5 月，曲仲湘、王礼嫱《关于建立生态农场的设想》刊于崔文顺编《我国生态农业的端倪》第 46 ～ 52 页。

6 月，曲仲湘《我国环境科学发展的新形势》刊于《重庆环境保护》1986 年第 3 期 14 ～ 17 页。

12 月，杨树华、曲仲湘、王焕校《铅在水稻中的迁移积累及其对水稻生长发育的影响》刊于《生态学报》1986 年第 4 期 26 ～ 37 页。

• 1987 年

5 月 14 ～ 17 日，由云南省环境科学学会主持，资源开发与环境保护学术讨

论会在大理市召开。参加学术讨论会的有来自四川、贵州、云南、重庆及大理州的环境管理、科研、监测、厂矿、大专院校等部门的代表共五十四人，交流有关资源开发与环境保护方面的文章四十篇。著名的环境科学专家、云南大学教授曲仲湘出席会议并作了讲话，与会代表充分肯定近几年来资源开发对经济建设所起的巨大作用，但是，在资源的开发利用中也出现一些令人忧虑的环境问题。

7 月，曲仲湘、赵从礼《环境保护有关问题及关于建立环境学的探讨》刊于中国环境科学学会编《中国环境科学学会首届学术年会文集》1987 年 84 ～ 93 页。

10 月，曲仲湘《建议举行滇池保护战略讨论会》刊于《云南环境》1987 年第 5 期 11 ～ 12 页。

• 1988 年

2 月，《云南画报》1988 年第 2 期刊登曲仲湘照片专版一组 7 张。

是年春，《云南植物研究》第二届编委会成立。吴征镒任主编，周俊任副主编，冯国楣、冯耀宗、曲仲湘、朱维明、许再富、孙汉董、李恒、李锡文、杨崇仁、肖常斐、张敖罗、陈宗莲、赵树年、胡忠、段金玉、姜汉侨、徐永椿、唐耀、黄冠鋆、裴盛基、薛纪如、臧穆为编委，黄冠鋆为编辑部主任，岳远征、刘艾琴为编辑。

4 月，云南省政协选出第六届委员会委员（1988.4 ～ 1993.4），九三学社云南省委员会曲仲湘当选为委员。

4 月 28 日 ~ 5 月 7 日，云南省政协六届第一次会议在昆明举行。刘树生（回族）当选为主席，梁林（女）、杨克成（白族）、曲仲湘、张相时、李瑾（白族）、刀世勋(傣族)、杨维骏 11 人当选为副主席，张平当选为秘书长，常务委员 78 名。

6 月，曲仲湘《浅谈生态经济学的理论和实践基础》刊于《生态经济》1988 年第 3 期 3 ～ 5 页。

11 月 27 日，在云南昆明举行河南大学昆明校友会成立大会，曲仲湘出席会议并被推举为名誉会长。

12 月，曲仲湘任九三学社第八届中央委员会参议委员会委员，参议委员会常务委员。

• 1989 年

8 月 20 ~ 22 日，云南省人民政府在昆明召开云南省第三次环境保护会议，会议传达和贯彻国务院召开的第三次全国环境保护会议精神，出席会议的有省、地（州）、市，县及省厅、局、委的领导和环保局（处）长，新当选的省环委会委员，新闻单位人员共 190 余人。云南省领导同志和志强、王世超、曲仲湘和原省领导刘明辉、孙雨亭、高治国同志出席大会开幕式和闭幕式。

9 月，曲仲湘为云南省林业调查规划院主编《云南自然保护区》作序。

11 月，[英] 埃瑟林顿（Etherington，J.R）著，曲仲湘等译《环境和植物生态学（Environment and Plant Ecology）》由科学出版社出版并被列为研究生教材。

12 月，曲仲湘、赵丛礼《环境保护问题及关于建立环境学的探讨》选入中国环境科学学会编《中国环境科学年鉴（1989）》17 ~ 24 页，1989 年 12 月由中国环境科学出版社出版。

• 1990 年

2 月，曲仲湘著《曲仲湘论文集》由中国环境科学出版社出版。本书选收曲仲湘从 1938 ~ 1983 年不同时期的论文，反映中国生态学的历史进程以及生态学与环境科学有机结合的理论。

9 月 14 日，曲仲湘因病在昆明市逝世，享年 86 岁，曲仲湘时任云南省政协副主席，九三学社中央参议委员会常委，九三学社省委名誉主委。《曲仲湘生平》：曲仲湘（1905 ～ 1990 年），男，汉族，河南省唐河县人。1930 年毕业于南京中央大学生物系，1940 年任重庆复旦大学副教授，1945 年赴加拿大和美国留学，1948 年获美国明尼苏达大学研究院植物生态学硕士学位。他曾任中国科学社南京生物研究所植物部主任、复旦大学生物系教授兼南京大学生物系教授、云南大学生物系教授、云南微生物研究所所长、中国科学院昆明分院学术委员、人与生物圈国家委员会委员、国务院学位委员会委员、全国环境科学学会副理事长、国务院环境保护领导小组和云南省环境保护办公室顾问、云南省环境科学学会理事长、全国生态学会常务理事、云南植物学会理事。曲仲湘 1952 年加入九三学社，1956 年调云南后，又致力于九三学社云南地方组织的创建工作，先后担任九三学社昆明分社副主委、主委、九三学社云南省第一届委员会主委、第二届名誉主委，九三学社第五、六届中央委员会委员，第七届常务委员，第八届中央参议委员会常委，二至六届云南省政协委员、五至六届云南省政协副主席等。

• 1991年

4月,《纪念我国著名的植物生态学家和环境科学家——曲仲湘教授》刊于《云南植物研究》1992年第1期第60页。曲仲湘（1905～1990年），字桂龄，教授，唐河县桐寨铺乡南韩庄人。生态学家，环境科学家，教育家。中国环境科学的开拓者之一。毕生致力于植物生态学和环境科学的教学和研究工作，将英美学派生态地植物学理论和方法移植到中国，发表《水杉树原产地的生态学调查》《南京灵谷寺森林现况的分析》等重要论文。组织领导橡胶宜林地选择、云南植被和云南自然保护区的调查研究工作。主编《植物生态学》等高校生物系教材，培养不少教学和科研人才。

4月，曲仲湘《一次难忘的会议》刊于中国人民政治协商会议云南省委员会文史资料委员会编《云南文史资料选辑·第40辑·风雨同舟专辑1》235～238页。

11月，蒋景源主编《中国民主党派人物录》295～296页收录曲仲湘。曲仲湘（1905—），九三学社中央常务委员，又名桂龄、仲香，环境保护专家，河南唐河人。1930年毕业于南京中央大学生物学系，1948年美国明尼苏达大学植物生态学专业毕业，获生态学硕士学位。回国后，历任中国科学院南京生物研究所植物部采集员、研究员，中国西部科学院生物研究所植物部主任，复旦大学生物系教授兼南京大学生物系教授，云南大学植物生态学教授兼系主任，生态学、地植物学研究室主任，云南省微生物所所长，中国科学院昆明分院学术委员，人与生物圈国家委员会委员，国务院学位委员会委员，全国环境科学学会副理事长，国务院环境保护领导小组和云南省环境保护顾问，云南环境科学学会理事长、云南生态学会常务理事，中国植物学会理事，云南省植物学会名誉理事长，云南微生物学会理事长，云南大学教授。1952年在上海加入九三学社，历任九三学社昆明分社主任委员，云南省主任委员，第五、六届中央委员，第七届中央常委、云南省政协副主席、全国政协委员。著有书文多种。

12月，中国大百科全书总编辑委员会《生物学》编辑委员会《中国大百科全书·生物学Ⅰ》由中国大百科全书出版社，曲仲湘任《生物学编辑委员会》委员。

• 1992 年

8 月，张放涛《群星灿烂——河南大学名人传（1）》刊有《曲仲湘传》，该书由河南大学出版社出版。

10 月，段昌群、王焕校、曲仲湘《重金属对蚕豆（vicia faba）根尖的核酸含量及核酸酶活性影响的研究》刊于《环境科学》1992 年第 5 期 33 ~ 37，97 页。

12 月，曲仲湘《环境生物学的兴起和展望》收入金鉴明等编《自然环境保护文集》1992 年 147 ~ 150 页。

• 1993 年

是年，曲仲湘、何纪昌、姜成林等完成的《云南高原湖泊水生生物本底调查及其保护利用》获 1993 年度国家教委科技进步奖三等奖。

• 1997 年

9 月，《复旦大学档案馆馆藏名人手札选》编辑委员会编《复旦大学档案馆馆藏名人手札选 1905-1949》第 242 页收入曲仲湘一件。

• 1999 年

8 月，杨绍廷、杨永清《云南九三学社的开拓者曲仲湘教授》刊于昆明市政协文史学习委员会、中共昆明市委统战部《昆明文史资料选辑第 31 辑 同舟共进：庆祝中国人民政治协商会议成立五十周年》第 254 ~ 256 页。

• 2001 年

3 月，《中国科学技术专家传略·生物学卷 2》收录曲仲湘。《中国科学技术专家传略》是 1986 年由著名科学家周培源在中国科协第三次全国代表大会率先倡导的，由中国科学技术协会主持编纂。总编纂委员会主任先后由钱三强、朱光亚、周光召同志担任；理、工、农、医四大学科编纂委员会主任委员先后由林兰英、张维、裘维蕃、吴阶平等同志担任；300 余位中国知名科学技术专家、学者、教授和编辑出版人士组成涵盖各分支学科的卷编纂委员会。该书以记载中国近现代科学技术专家为主线，昭彰他们作出的重大贡献，弘扬他们高尚的道德风范，记述中国近现代科学技术发展史实。《中国科学技术专家传略》分为理学

编、工程技术编、农学编和医学编，自 1991 年起陆续出版。第一期工程共出版书籍 27 卷 29 册，总计 1073 万字，记载自鸦片战争至 1920 年前出生的中国近现代杰出科学技术专家 1392 名。第二期工程已经出版 12 卷 13 册，563 万字，记载 1921 ~ 1935 年间出生的中国现代杰出的科学技术专家 744 名。一、二期工程入传总人数达 2306 人，总字数 1900 多万字，基本涵盖在中国创建各门学科或分支学科的奠基人和开拓者，抢救和整理许多珍贵史料。

5 月，曲仲湘《螳螂捕蝉，焉知黄雀在后》刊于饶忠华主编《中国科普佳作百年选·聆听科学·下》403 ~ 406 页。

• 2003 年

2 月，王海鹰《云南大学历史名人——曲仲湘》刊于《云南大学学报（自然科学版）》2003 年 2 期。

• 2006 年

11 月，刘应全《百家争鸣 薪火相传——记朱彦丞与曲仲湘》刊于吴松主编《感悟云大文化》211 ~ 213 页。

• 2009 年

12 月，中国人民政治协商会议云南省昆明市委员会编《昆明文史资料集萃·第 6 卷》4773 ~ 4774 页刊登杨绍廷、杨永清《云南九三学社的开拓者曲仲湘教授》一文;《昆明文史资料集萃 第 10 卷》8353 ~ 8354 页刊登杨永清《回忆九三学社云南省委主委——曲仲湘教授》一文。

• 2011 年

7 月，曲仲湘《敬爱的陶行知老夫子》刊载于《重庆陶研文史》2011 年第 4 期 68 ~ 69 页。

• 2012 年

是年，云南大学设立曲仲湘科学研究与人才培养开放基金。

• 2012年

7月，曲仲湘《螳螂捕蝉，焉知黄雀在后》选入《广东第二课堂(中学生阅读)》2012年Z2期48～49页。

7月16日，中国科学院——云南大学“吴征镒——曲仲湘生物科学菁英班”签字仪式在云南大学科学馆进行，签字仪式由云南大学生命科学学院院长段昌群教授主持。中国科学院昆明植物研究所党委书记孙航、昆明动物研究所党委书记郗建勋、云南大学相关领导和部门负责人出席仪式。云南大学副校长武建国、昆明植物所副所长甘烦远、昆明动物所学位委员会副主席施鹏和中科院武汉病毒研究所副所长唐宏分别代表本单位签字。

• 2017年

4月，云南省科技厅科技宣传教育中心、云南省老科技工作者协会编《云南省杰出科技专家传略》由云南科技出版社出版。云南农业大学分会有张海秋、诸宝楚、蔡克华、徐天骝、段永嘉、瞿明宙、昝维廉、肖常斐8位专家入选；云南大学分会有熊庆来、卫念祖、张其濬、王树勋、赵雁来、曲仲湘、朱彦丞7位专家入选；西南林业大学分会有徐永椿、薛纪如、任玮、曹诚一、杨元昌、吴铱6位专家入选。《一片浩荡灵魂的净土——云南著名环境学家曲仲湘》由游庆章、古明清、阚家德根据张文逸、曲弦提供的材料整理。

徐永椿年谱

徐永椿（自西南林业大学）

• 1910年（清宣统二年）

11 月 26 日，徐永椿（Y.C.Hsu，Hsu Yung-chun，Xu Yongchun，Xu Y C）生于江西省新建县赐福乡上堡村，原籍江西省龙南县乌晶村。徐永椿曾祖父徐思庄（字柳臣），道光二年进士，曾任翰林院国史馆纂修，著名书法家；徐永椿父亲徐绍师为税卡职员，母亲徐黄氏。

• 1927年（民国十六年）

是年春，徐永椿在江西南昌积谷仓第二小学读书，至 1928 年夏。

• 1928年（民国十七年）

8 月，徐永椿在江西南昌第一中学初中读书，至 1931 年 7 月。

• 1931年（民国二十年）

8 月，徐永椿在江西南昌第一中学高中读书，至 1934 年 7 月。

• 1934年（民国二十二年）

8 月，徐永椿考入南京中央大学森林系。1934 年森林系一班只有 3 个学生：徐永椿、朱济凡、袁同功。朱济凡，1912 年 8 月 18 日生于浙江省诸暨县。1934 ~ 1937 年就学于南京中央大学森林系，毕业后历任吉林省永吉县县长、省商业厅副厅长，中国科学院沈阳林业土壤研究所所长，南京林学院党委书记，中国林学会第二至四届副理事长。1954 年受命组建中国科学院林业土壤研究所并担任所长兼党委书记，1981 ~ 1984 年调任南京林学院党委书记，1987 年 12 月 4 日病逝于沈阳市，享年 75 岁。袁同功，江苏兴化人，1912 年生，1934 年考入中央大学森林系，1938 年毕业，任云南省昆明昆华高级农业职业学校教员。1930 年春，在云南省茶叶公司宜良厂垦殖组工作，同年秋至 1947 年在云南大学森林学系任助教、讲师。1947 年 7 月兼任农林部勘察专员。翌年秋赴加拿大多伦多大学林学院攻读研究生，研究森林采运学，1950 年 5 月获林业硕士学位，同年 10 月回国任南京大学森林系、林工系教授，兼任林业部委托该校举办的全国林业干部培训班主任。1959 年袁同功到闽北山区支援福建发展林业工业和林业高等教育，投身于福建林学院（校址南平市西芹镇）的创建工作。在林学院工作 32 年，先

后任森林学系、林工学系系主任和院学术委员会副主任等职，福建省林学会第一届副理事长，中国民主同盟盟员。1990 年 1 月 1 日逝世，终年 79 岁。

• 1937 年（民国二十六年）

8 月，徐永椿继续在重庆沙坪坝中央大学上学，同年加入中华农学会。

• 1938 年（民国二十七年）

是年，徐永椿毕业于中央大学森林系，任中国木业公司四川分公司技术员。

• 1939 年（民国二十八年）

7 月，徐永椿应云南大学农学院张福延教授之邀任云南大学农学院助教。

是年冬，徐永椿随张福延到滇西采集标本。

• 1940 年（民国二十九年）

是年，徐永椿《四川沙坪森林之分布与现时采运》刊于《西南边疆》1940 年第 10 期。

是年，云南大学农学院森林系助教徐永椿原支薪额为 10000 元，实发薪俸 10000 元。

• 1941 年（民国三十年）

是年，云南大学农学院森林系助教徐永椿原支薪额为 14000 元，实发薪俸 14000 元。

• 1942 年（民国三十一年）

8 月，徐永椿《木材浮水度试验》刊于《林学》1942 年第 8 期 67 ~ 75 页。

是年，徐永椿任云南大学农学院森林学系助教。

• 1944 年（民国三十三年）

10 月，徐永椿《四川沙坪森林之分布与现时采运情形》刊于《西南边疆》1944 年第 10 期 34 ~ 72 页。

• 1945 年（民国三十四年）

是年，徐永椿在昆明加入中国植物学学会。

• 1947 年（民国三十六年）

7 月，徐永椿在云南省普洱龙山采集植物标本。

是年，国立云南大学农学院森林系教员徐永椿率学生 10 人组成森林调查团，前往姚安、大姚、宾川、大理、凤仪等县进行为期两个多月的森林资源调查，采集标本 400 余号，期间还协助大姚、呈贡编写县志。

• 1948 年（民国三十七年）

4 月，云南大学农学院创办的云南大学《农学》（期刊）创刊号出版，徐永椿《云南松之研究》在云南大学《农学》1948 年创刊号（第 1 期）发表。

6 月，徐永椿《昆明及附近地区栎属的研究（A study of the Genus *Quercusin* Kunming and its vicinities）》刊于《中山学报（Sunyatsenia）》1948 年第 7 卷 1、2 期合刊。

7 月，云南大学聘徐永椿为森林系副教授，聘期 1948.7 ~ 1949.7，每周授课 9~12 小时，月薪 330 元。

8 月，徐永椿应台中农学院教务长李达才教授之聘，1948 年 8 月到达台中农学院担任副教授，讲授树木学，为期半年，他到台湾任教后，利用课余时间，采集树木标本 400 余种、1000 余号。

8 月至 9 月，徐永椿在台湾省阿里山、八仙山等地采集植物标本。

• 1949 年

2 月，徐永椿返回昆明，任云南大学农学院森林系副教授，带回在台湾采得的树木标本 400 多种、1000 余号。

10 月，徐永椿在昆明加入新民主主义者同盟。

• 1950 年

5 月，徐永椿在云南省第三区金平县采集植物标本。

12 月，Hsu Yun-Chun（徐永椿）《A preliminary study of the forest ecology

of the Area about Kunming（昆明附近森林生态的初步研究）》刊于《Stanford Univ.Dudley Herbarium Contrib（美国斯坦福大学达德利标本室刊物）》1950 年 4 期 1 ～ 12 页。

• 1951 年

4 月，徐永椿在云南省第三区金平县、蒙自县采集植物标本。

8 月，徐永椿任云南大学林学系教授、系主任。

• 1952 年

2 月，徐永椿《昆明各种重要木材天然抗腐力试验报告》刊于《中国林业》1952 年第 1 ～ 2 期 51 ～ 55 页。

6 月，民盟正式在云南大学建立基层组织（民盟云南省支部云南大学区分部）。

• 1953 年

1 月，由著名蕨类植物学家秦仁昌先生倡议在云南大学农学院（现生物系）成立中国植物学会昆明分会。第一届理事会由秦仁昌任理事长，理事会由秦仁昌、蔡希陶、朱彦丞、徐永椿、冯国楣、徐文宣等组成。理事会就如何发动会员开展云南植物研究等事宜进行讨论，于此同时着手调查及编写昆明附近种子植物和蕨类植物名录。

3 月至 6 月，徐永椿在云南省第三区金平县、屏边县采集植物标本。

8 月，云南大学农学院森林系改为林学系，下设森林经营专业。

• 1955 年

1 月 20 日，云南大学农学院举办科学研究报告会议，会后，森林系张福延教授表示将改编森林经济教材，徐永椿教授准备结合教学需要对昆明附近树种生态进行观察。

4 月，徐永椿在云南省金平县采集植物标本。

9 月，秦仁昌（Ching Ren-Chang）、徐永椿（Hsu Yung-Chun）《龙棕——云南植物的一新种（A new species of *Trachycarpus* from Yunnan）》刊于《植物分

类学报（Acta Phytotax.Sin.）》1955 年第 3 卷第 3 期 367 ~ 368 页。

是年，徐永椿教授带领林学系学生到宜良县竹山镇禄丰村进行树木学实习半个月。

• 1956 年

4 月，徐永椿加入中国民主同盟。

8 月，徐永椿在云南省双柏县、宜良县禄丰村采集植物标本。

是年，云南省植物学会第二届理事会由蔡希陶任理事长，理事会由蔡希陶、朱彦丞、徐永椿、冯国楣、徐文宣等人组成。上海复旦大学曲仲湘教授等 9 人于 2 月赴滇支边，壮大植物学会的队伍。

是年，徐永椿任云南大学农学院林学系主任，至 1958 年。

• 1958 年

5 月，徐永椿在云南省金平县采集植物标本。

7 月 15 日，云南大学农林两系师生员工全部搬至黑龙潭新校址，学院由建院领导小组主持日常工作，9 月 3 日唐毅吾任学院党委书记兼副院长。

7 月，云南大学农学院森工系成立，杨执中任总支副书记，林学系主任徐永椿兼任主任。

8 月，徐永椿在云南省丽江采集植物标本。

11 月 19 日，昆明农林学院在昆明北郊黑龙潭新校址召开成立大会，昆明农林学院由云南大学农学系与林学系从云南大学分出。

12 月，中国林学会昆明分会改选产生第二届理事会，刘均一任理事长，李有桂、杨执中、高屏、徐永椿任副理事长。

是年，云南省植物学会第三届理事会由植物生态学家朱彦丞任理事长，理事会由朱彦丞、吴征镒、蔡希陶、冯国楣、徐永椿、吴少萍等 7 人组成，会员已发展到 50 余人。

• 1959 年

2 月 13 ~ 23 日，民盟云南省第四次盟员代表大会召开，徐永椿当选为民盟云南省第四届委员会委员。

4 月，徐永椿在蒙自县采集植物标本。

5 月，徐永椿在云南省金平县采集植物标本。

6 月，徐永椿在云南省河口县采集植物标本。

7 月 10 ~ 17 日，政协云南省第二届委员会举行，选举徐永椿政协云南省第二届委员会委员。

9 月，徐永椿等编《树木学（上、中、下三册）》（高等林学院校教材）由华南西南区林学院教材编审委员会刊印。参加《树木学》编写的有广东林学院梁宝汉、贵州农学院李永康、广西林学院李治基、贵州林专刘国柱、四川林学院孔宪需、滇西大学胡正芬及昆明农林学院徐永椿、薛纪如、魏国瑞，徐永椿为主编。

是年，徐永椿被昆明农林学院评为先进教师。

• 1960 年

1 月，诸宝楚、徐永椿、瞿明宙、唐毅吾、徐天骝、罗光心、薛纪如在云南省政协第二届委员会第二次会议《关于高等学校培养师资的几点意见》。省政协委员徐永椿发言《在教育革命中高举毛泽东思想的红旗乘胜前进》。

5 月，徐永椿参加云南省文教群英会。

8 月 1 日，云南林学院正式成立，由赵伯芝、何直任副院长。同年 12 月 3 日，云南省委常委会批准王景春、赵伯芝、邓小初、杨执中、张赣生和刘均一等 6 人组成云南林学院党委会，王景春任党委书记。

12 月，徐永椿、薛纪如《云南江边地区森林群落的初步观察》刊于《一九六〇年云南林业科学研究报告》1 ~ 17 页。

• 1961 年

6 月，由南京林学院树木教研组主编《树木学（上册）》（高等林业院校试用教科书），广东林学院、云南林学院、东北林学院参加协作，共同编写完成；10 月由农业出版社出版。《树木学（上册）》首次采用《中国植物志》（第七卷）“裸子植物系统研究”的初步成果。

是年，根据中央的方针，云南省委决定，1960 年成立的昆明农学院、云南林学院、云南畜牧兽医学院合并为“昆明农林学院”，学院本部在黑龙潭。党委书记唐毅吾，党委副书记田畴、赵柳泉，副院长赵伯芝。徐永椿任副教务长兼图书馆馆长。

• 1962年

8月15～22日，在云南昆明召开民盟云南省第五次盟员代表大会，徐永椿当选为民盟云南省第五届委员会常委。

• 1963年

2月14日，中国林学会1962年学术年会提出《对当前林业工作的几项建议》，建议包括：1. 坚决贯彻执行林业规章制度；2. 加强森林保护工作；3. 重点恢复和建设林业生产基地；4. 停止毁林开垦和有计划停耕还林；5. 建立林木种子生产基地及加强良种选育工作；6. 节约使用木材，充分利用采伐与加工剩余物，大力发展人造板和林产化学工业；7. 加强林业科学研究，创造科学研究条件。建议人有：王恺（北京市光华木材厂总工程师）、牛春山（西北农学院林业系主任）、史璋（北京市农林局林业处工程师）、乐天宇（中国林业科学研究院林业研究所研究员）、申宗圻（北京林学院副教授）、危炯（新疆维吾尔自治区农林牧业科学研究所工程师）、刘成训（广西壮族自治区林业科学研究所副所长）、关君蔚（北京林学院副教授）、吕时铎（中国林业科学研究院木材工业研究所副研究员）、朱济凡（中国科学院林业土壤研究所所长）、章鼎（湖南林学院教授）、朱惠方（中国林业科学研究院木材工业研究所研究员）、宋莹（中国林业科学研究院林业机械研究所副所长）、宋达泉（中国科学院林业土壤研究所研究员）、肖刚柔（中国林业科学研究院林业研究所研究员）、阳含熙（中国林业科学研究院林业研究所研究员）、李相符（中国林学会理事长）、李荫桢（四川林学院教授）、沈鹏飞（华南农学院副院长、教授）、李耀阶（青海农业科学研究院林业研究所副所长）、陈嵘（中国林业科学研究院林业研究所所长）、郑万钧（中国林业科学研究院副院长）、吴中伦（中国林业科学研究院林业研究所副所长）、吴志曾（江苏省林业科学研究所高惭究员）、陈陆圻（北京林学院教授）、徐永椿（昆明农林学院教授）、袁嗣令（中国林业科学研究院林业研究所副研究员）、黄中立（中国林业科学研究院林业研究所研究员）、程崇德（林业部造林司副总工程师）、景熙明（福建林学院副教授）、熊文愈（南京林学院副教授）、薛楹（中国林业科学研究院林业研究所副研

究员）、韩麟凤（沈阳农学院教授）。

1963.12.26 ~ 1964.1.8，云南省第三届人民代表大会在云南昆明召开，徐永椿作为文山州代表当选云南省第三届人民代表大会代表。

• 1964 年

1 月，南京林学院树木学教研组主编《树木学（下册）》（高等林业院校试用教科书）由农业出版社出版。编写及工作人员有：主编郑万钧（中国林业科学研究院），编者郑万钧（中国林业科学研究院）、洪涛、朱政德（南京林学院）、梁宝汉（中南林学院）、徐永椿（昆明农林学院），绘图施自耘、王昌、林有润、于伟周，设计插图黄鹏成，校对、编制索引陈如柏。

9 月，徐永椿在云南省景洪攸东采集植物标本。

9 月 12 日，云南省人民委员会第三届五次会议通过，任命彭少彭为昆明农林学院院长。

是年，由徐永椿、任宪威等完成《云南景东无量山森林树种成分的分析》和《景东无量山十二种森林树种的特性调查》。

10 月，徐永椿、任宪威完成《云南景东无量山森林树种成份的分析》刊于《昆明农林学院科研资料汇编林业（二）》，共 88 页。任宪威，山西省寿阳县，1928 年 7 月 29 日生，1949 年 8 月考入华北大学农学院森林系，1953 年 8 月从北京林学院毕业留校任助教，1961 年加入中国共产党，1960 年晋升为讲师，1978 年晋升为副教授，1986 年晋升为教授，曾担任中国林学会树木学会分会理事、副理事长，北京林学会理事，中国林业区划研究会理事等职。1978.6 ~ 1979.9 在西藏农牧学院援藏期间被评为教书育人先进工作者，1979 年 4 月 11 日《西藏日报》第 3 版刊登《焕发青春育栋梁》一文报道任宪威、徐凤翔和群培多吉 3 位老师满腔热情献身高原教育事业的事迹。任宪威先生是中国林学界著名的树木分类学家和学科带头人，在树木分类、树木冬态、林木物候、林木种子、植物区系 5 个方面研究独到，获林业部有突出贡献专家称号，1992 年享受国务院批准的特殊津贴，1995 年退休，1997 年 2 月 13 日病逝于北京。

• 1965 年

5 月 4 日，成立云南农业劳动大学，昆明农林学院部分师生划拨到云南农业劳动大学。

6月，云南省科协组织对保山经济林木进行考察，省科协组织徐永椿（昆明农科学院教务长、教授、省林学会理事长）、郭文明等省级有关单位的专家、教授8人，到保山进行经济林木的考察。徐永椿等考察保山5县的茶、桑、果、用材林和其他经济林木的发展，分别撰写考察报告，并在保山进行学术交流，对促进保山全区茶、桑等经济林木的发展起到积极推动作用。

10月11～18日，中国林学会云南省分会在昆明召开“云南松采伐更新学术讨论会”。出席这次会议的代表共52人，包括云南省林业厅，云南省云南松主要分布地区的林业局、林场，云南省林业科学研究及教学部门，广西、四川、贵州三省（区）的科研教学单位，以及林业部和中国林业科学研究院的代表。

• 1966年

7月15日，中共中央西南局和云南省委撤销彭少彭的党内外一切职务。

• 1969年

11月，昆明农林学院搬迁至云南大理州宾川县。

• 1970年

12月，昆明农林学院迁至云南曲靖地区寻甸县。

• 1971年

2月17日，昆明农林学院与云南农业劳动大学合并成立云南农业大学，徐永椿任云南农业大学教授。

• 1972年

2月，云南农业大学林学系合并至云南林业学院，与南迁的北京林学院合并办学。

9月，云南省委批准成立云南林业学院核心组。云南农业大学林学系并入云南林业学院，属林业部直接领导，面向全国招生，校址在安宁市温泉镇，徐永椿任云南林业学院教授。

• 1973 年

3 月，在云南下关的北京林学院迁到安宁县楸木园，与从寻甸迁来的云南农业大学林学系教职工会合，正式开展云南林业学院组建工作。

是年，徐永椿任云南林业学院亚热带系教授，兼任图书馆馆长。

• 1975 年

12 月，徐永椿、任宪威《云南壳斗科的分类与分布（一）》刊于《植物分类学报》1975 年第 13 卷第 4 期 9 ～ 26 页。

• 1976 年

6 月，徐永椿、任宪威《云南壳斗科的分类与分布（二）》刊于《植物分类学报》1976 年第 12 卷第 2 期 73 ～ 88 页。

• 1977 年

11 月 11 日，中国林学会云南省分会举办学术报告会，恢复停顿已久的学术活动。来自二十五个省（区）参加林业教材编审会议的代表，在昆明地区的云南林学院、云南林科所、云南省资源管理处、昆明市农林局等一些林业单位的负责同志、教师、科技人员、干部、工人共三百多人参加报告会。云南省科委、云南省林业局的负责同志参加报告会，云南日报社也派出记者参加。学术报告会由中国林学会云南省分会理事长徐永椿教授致开幕词，分别由五个单位作了九篇学术报告，东北林学院、南京林产工业学院、福建林学院三个省外林业院校作了四篇学术报告。

12 月 13 ～ 17 日，云南省第五届人民代表大会举行，徐永椿作为保山专区代表当选云南省第五届人民代表大会代表。

• 1978 年

1 月，中国树木志编委会《中国主要树种造林技术》由农业出版社出版，从 1973 年底开始，郑万钧组织力量编写中国造林专著《中国主要树种造林技术》，历经 5 年完成。《中国主要树种造林技术》获 1981 年林业部科技成果一等奖和全国优秀科技图书奖。徐永椿参加《中国主要树种造林技术》一书的编写。

4 月 27 日，经国务院批准，西藏民族学院林芝分院改为西藏农牧学院，9 月 4 日西藏农牧学院召开成立大会，成为西藏的一所高等理工农业院校，12 月《西藏农牧学院院刊》创刊。

8 月，中国林学会昆明分会恢复组织活动，更名为云南省林学会，挂靠云南省林业厅，并组成第四届理事会。甄林风任理事长，徐永椿、杨先、侯保锐任副理事长。

9 月 12 日，云南林业学院开始硕士研究生培养工作，录取第一批研究生 8 名，北京林学院迁回北京，留在云南林学院研究生两名，分别为徐永椿招收森林植物学硕士生董全忠，研究方向树木学；任玮招收森林保护学硕士生秦莞蓉，研究方向森林病理。

12 月，徐永椿、任宪威《中国栎属分类与分布（Taxonomy and distribution of Chinese Quercus）》刊于《西藏农牧学院院刊》1978 年第 1 期 39 ~ 46 页。

12 月，徐永椿当选为中国林学会第四届理事会（1978.12 ~ 1982.12）理事。

12 月，云南林学院成立。北京林学院确定迁回北京，原国家教委和国家林业部批准云南林学院在原校址独立建校，继续办学，原云南林业学院徐永椿副院长主持工作。

• 1979 年

1 月，徐永椿由杨志、伍聚奎介绍加入中国共产党。

3 月，云南省植物研究所编著《云南植物志（第二卷）》由科学出版社出版。《云南植物志（第二卷）》1980 年获云南省科委集体二等奖，徐永椿、任宪威编写《云南植物志（第二卷）》（壳斗科）166 ~ 199 页。

4 月，徐永椿、任宪威《壳斗科新种与新组合（New species and new combinations of Fagaceae from China）》刊于《云南植物研究》1979 年第 1 卷第 1 期 146 ~ 149 页。

5 月 10 日，国务院正式确认“云南林学院”名称。

6 月，徐永椿、任宪威《西藏壳斗科志（Fagaceae of Xizang）》刊于《西藏农牧学院院刊》1979 年第 1 期 41 ~ 52，65 页。

6 月，国家科委批准云南植物研究所主办《云南植物研究》学报。吴征镒任主编，蔡希陶任副主编，王灵昭、冯国楣、冯耀宗、曲仲湘、朱彦丞、李锡文、

张敖罗、周俊、段金玉、徐永椿、唐耀、臧穆等组成第一届编委会，由吕春朝任编辑。

7 月，徐永椿任云南林学院副院长兼图书馆馆长。

9 月，李乡旺考取徐永椿的硕士研究生。

12 月，徐永椿、任宪威《中国青冈属分类和分布区的初步研究（A preliminary study of taxonomy and distribution of Chinese Cyclobalanopsis）》刊于《西藏农牧学院院刊》1979 年第 2 期 16 ~ 28，36 页。

12 月，徐永椿任中国林学会第五届理事会（1982.12 ~ 1985.12）理事。

12 月 21 ~ 26 日，云南省林学会第一次会员代表大会暨 1979 年学术年会在昆明召开，出席会议代表 158 人，会议改选产生第五届理事会 38 人，徐永椿任理事长，杨先、侯保锐、任玮、高呼、张立勋任副理事长。

12 月，云南省植物学会第五届理事会由吴征镒院士为理事长，段亚华为副理事长，蔡希陶为名誉理事长。吴征镒、段亚华、姜汉桥、裴盛基等 15 人为理事。会议向省人大提交“保护云南森林植被”的提案，并决定试办“学会简讯”。

12 月 1 日，中国生态学学会在昆明正式成立。参加成立会议的有来自全国二十六个省、市、自治区，一百三十多个单位的二百七十三名代表。这些代表分属于二十五个与生态学有关专业的科学工作者。全国科协、中国科学院、中国林业科学院、云南省委、省革委、省科委和省科协，以及有关研究所的负责同志也参加这次会议。大会主席团成员，中国科学院昆明动物所所长潘清华主持开幕式，中国科学院昆明植物所所长吴征镒致开幕词。

是年，中国植物学会昆明分会更名为云南省植物学会，挂靠云南植物研究所。云南省植物学会成立第四届理事会，朱彦丞任理事长，理事有朱彦丞、吴征镒、蔡希陶、冯国楣、徐永椿、吴少萍、臧穆、连钝。

• 1980 年

2 月 21 ~ 25 日，云南省召开第六次盟员代表大会，选举徐永椿为民盟云南省第六届委员会常委。

8 月，云南省委任命徐永椿为云南林学院党委常委、院长。

9 月，云南省科学技术协会召开第二次代表大会，李雨枫任主席，徐永椿任云南省科学技术协会常务委员。

是年，云南林学院徐永椿、北京林学院任宪威完成科技成果《云南壳斗科植物系统分类、分布、特性及资源的研究》。云南壳斗科树木种类繁多，分布极广，过去虽曾有人做过研究工作，但没有系统完整的资料，在分类上比较混乱，资源分布资料更少。经过著者五年多的研究工作，查清云南壳斗科树木共有 6 属 160 多种；澄清过去的混乱，纠正错误；建立 20 个新种和新变种（其中 10 个为他人命名）；并对每个种的分布区作调查，绘制分布图。著者对该科树木的特性、适生立地条件和经济利用也提出了有参考价值的意见。是年，该成果获 1980 年林业部科技成果奖三等奖。

12 月，云南省植物学会第五届理事会召开，蔡希陶任名誉理事长，吴征镒任理事长，段亚华、姜汉桥任副理事长，理事有吴征镒、段亚华、姜汉桥、陈介、裴盛基等 15 人。

• 1981 年

1 月 12 日，云南林学院列入国务院学位委员会、教育部授予学士学位高校名单。

4 月 6 日，云南省林学会、云南林学院于 4 月 6 ~ 16 日组织对大理州云龙县天池自然保护区的学术考察。考察组由徐永椿教授、薛纪如教授、赵从礼副教授、王从皎、张天龙、潘涌智、曾觉民、葛敬芳、李乡旺等九位同志组成。通过对该区气候土壤、植被状况、动物资源、社会情况等方面的实地调查。考察组认为，“天池”地区具有云南高原和亚高山的双重景观和生物特点，景色秀丽，动植物资源十分丰富，是较理想的科研和旅游场所。建议：划为森林公园，切实加以保护；着手筹划建立自然生态系统的定点研究；利用这里优越的自然条件建立云南松采种和良种选育、引种其它亚高山针叶树种、以及发展药用植物和养殖业的基地。

5 月，根据林业部（81）林外字 7 号和 35 号文件通知，云南林学院负责接待英国国际树木学会专家团到昆明、西双版纳参观考察原生树种。5 月 8 日，由英国国际树木学会旅游主任汤姆塞蒂团长率领英国、美国、日本等十国的著名树木学家和园艺学家组成的参观考察团一行十六人，由林业部外事局杨禹畴等三位同志陪同到达昆明。经过八天的参观考察，于 5 月 16 日乘机离昆前往广州。专家团在昆和西双版纳参观考察期间，由云南省林业厅副厅长张广居同志前往机场

迎送并宴请。云南林学院院长徐永椿教授和厅科技处副处长周宝康等同志负责接待并陪同参观考察。

6 月 13 日，第一届国务院学位委员会学科评议组成员名单公布，徐永椿任农学学科评议组成员。

7 月，云南林学院首批研究生董全忠、秦莞蓉毕业，分配到西南林学院和云南省供销社工作。

7 月，徐永椿、王从皎、吴征镒、李锡文的《我国山毛榉科植物中一个新公布属——三棱栎属（Trigonobalanus Forman－a new recorded genus of Fagaceae in China）》刊于《云南植物研究》1981 年第 3 卷第 2 期 91 ～ 93 页。

9 月 23 日，林业部批准云南林学院学位评定委员会，主席徐永椿，副主席任玮、薛纪如，委员徐永椿、任玮、薛纪如、严达夫、曹诚一、吴铱、赵从礼、王春林、刘亚翠、江缵高、聂振民。

11 月 26 日，中国首批博士和硕士学位授予单位名单经国务院批准，由国务院学位委员会下达。这次批准的首批博士学位授予单位共 151 个，博士学位授予单位的学科、专业点 812 个，可以指导博士研究生的导师 1155 人；硕士学位授予单位 358 个，硕士学位的学科、专业点 3185 个。首批博士和硕士学位授予单位分布在国务院有关部、委以及省市、自治区和中国人民解放军所属的高等学校和科学研究机构。云南林学院为国务院批准首批硕士学位授予单位，植物学、森林保护学两个学科，徐永椿、任玮为中国第一批招收硕士研究生的导师。

• 1982 年

2 月 18 日，云南省人民政府关于成立云南省绿化委员会的通知云政发（1982）19 号，徐永椿为特邀委员。

5 月，徐永椿《对我省义务植树的建议》刊于《云南林业》1982 年第 5 期第 9 页。

9 月，民盟云南林学院支部成立，主委徐永椿，副主委薛纪如。

10 月，南京林学院纪念建校三十周年大会举行，中央顾问委员会委员、原林业部部长罗玉川莅临大会，并作重要讲话。东北林学院党委书记丁以、吉林林学院党委书记常恒增、西北林学院院长彭尔宁、云南林学院院长徐永椿以及上海人造板厂、福建三明胶合板厂、泰州林机厂等领导同志和少数校友也参加大会。

• 1983年

3月，《西藏植物志》（第一卷）由科学出版社出版。《西藏植物志》为青藏高原综合考察研究课题，该课题1986年获中国科学院集体科技进步特等奖。徐永椿编写《西藏植物志》第一卷中壳斗科部分。

3月，西双版纳自然保护区综合考察工作开始。

4月23～29日，云南省第六届人民代表大会举行，徐永椿作为昆明市代表当选云南省第六届人民代表大会代表和云南省第六届人大常委会委员。

7月，徐永椿、任宪威的《中国植物学会五十周年论文 云南壳斗科分类与分布》由云南林学院刊印。

7月27日，以日本京都大学农学部教授佐佐木功为团长的日中农交“治山治水交流代表团”一行五人，于7月27～8月4日到云南省进行治山治水的学术交流和考察。代表团抵达昆明后，云南省林学会理事长徐永椿教授和秘书长李健民陪同日本专家先后考察东川市的泥石流防治和大理苍山十八溪水土保持工作。

8月，王棋任云南林学院院长。

10月1日，中国植物学会第九届会员代表大会暨五十周年年会于10月1～6日在山西省太原市召开。徐永椿、任宪威专门为中国植物学会五十周年撰写论文《云南壳斗科分类与分布》。

10月6日，经林业部批准，云南林学院于1983年10月改名为西南林学院。

11月，徐永椿任西南林学院顾问，至1984年8月。

11月20日，云南省植物学会举办《云南省植物学会三十周年年会》。

12月，徐永椿、孙必兴《云南壳斗科的几个新种（Several new species of Fagaceae from Yunnan）》刊于《云南植物研究》1983年第5卷第4期4～13页。同期，徐永椿、王从皎《云南桦木属植物一新种（A new species of Betula from Yunnan）》刊于381～383页。

12月，《梁希纪念集》编辑组编《梁希纪念集》出版，书中收录徐永椿《深切怀念我师梁叔伍先生》一文。

是年，徐永椿任云南省林学会理事长，至1986年。

• 1984年

2月26日～3月3日，云南省林学会第二次会员代表大会暨学术年会在昆明召开，会议改选产生云南省林学会第六届理事会，共67人。王民任理事长，吴广勋、任玮、谢铭、王春林、高呼、全复任副理事长，徐永椿任顾问。

5月，徐永椿为西南林学院八〇级林业专业2班毕业册题词：**西南林学院林业系八〇级同学毕业留念 目前发展林业的形势很好，希望通过你们和广大群众的共同努力，发挥西南各省的优势，到本世纪末能够做到：第一，绿化现有的荒山。第二，青山常在，永续利用。这是我们林业工作者奋斗的目标。一九八四年五月 徐永椿。**

是年，云南省植物学会召开第六届会员代表大会暨30周年学术年会，会员代表128人。大会选举云南省植物学会第六届理事会，吴征镒任理事长，段亚华、姜汉桥任副理事长，理事有吴征镒、段亚华、姜汉桥、陈介、周俊、肖长斐、连钝、徐永椿、薛纪如。

是年，当西南林学院纪念云南林业高等教育创办45周年之际，徐永椿不禁感慨系之，即兴赋诗一首，表达了历尽坎坷后的喜悦：林业教育路漫漫，历尽坎坷不易前。数度折腾数度衰，几回兴建几回迁。今建西林学府旺，已偿边疆民族愿。喜看新秀层辈起，树木树人谱新篇。

12月6～9日，召开云南省第七次盟员代表大会，选举徐永椿为民盟云南省第七届委员会常委。

• 1985年

1月11日，美国夏威夷大学植物系主任西基尔（B.Z.Siegel）博士夫妇来西南林学院参观访问。徐永椿、任玮、薛纪如三位教授，吴钛副研究员以及十多位教师与西基尔博士进行了广泛的交谈。西基尔着重介绍了他从事火山地区植被生态的研究情况。最后，由徐永椿教授等陪同西基尔参观了西南林学院的森林植物标本室和昆虫标本室。

是年春，徐永椿与南方几所农林院校的树木学教师共同倡议编写树木学教材。

6月，为宣传徐永椿为林业教育作出的贡献，昆明电视台曾拍摄徐永椿的事迹专题片，并相继在云南电视台、中央电视台播映，专题片称徐永椿是云南林业高等教育的创始人之一。

6 月，史锁达、任志高编《著名农学家教育家金善宝》出版，书中收入徐永椿《高山仰止，景行行止》一文，记述了徐永椿自己与金善宝的交往历史和感受。

7 月 5 日，徐永椿主持由林业部教育司组织中南林学院祁承经、林亲众、蔡平成完成的《湖南树木新种及新变种》成果鉴定会。该成果在研究《湖南树木志》的调查，采集标本和研究的过程中，发现 6 个树木新种和 3 个新变种：长果秤锤树 *Sinojackia dolichocarpa* C.J.Qi（安息香科），石门鹅耳栎 *Caspinus snimentusin* C.J.Qi（桦木科），湖南花楸 *Sorbus hnanica* C.J.Qi（蔷微科），大叶石灰树 *Sorbus chengi* C.J.Qi（蔷薇科），灰岩阔楠 *Machilus calcicola* C.J.Qi（樟科），长梗绒楠 *Machilus velutina* var. *longipedunculata* C.J.Q.，雪峰山梭罗 *Reveesia pubescens* var. *xuefengshanensis* C.J.Q.（梧桐科），密腺鹅耳枥 *Caspinus polynewa* var. *glanduloso-punctat* C.J.Qi（桦木科），湖南茶藨子 *Ribes huanense* Yang et Qi（虎耳草科）。此研究系湖南单位和作者发表植物新种之首创，在此前均为国外和国内专业研究首位及作者发表湖南植物新种，故此研究为湖南植物研究的创新之举。新种以长果秤锤树最著学术价值，秤锤树属为植物学家胡先骕创立，建立于 1930 年，共 3 个种，以后长期未有新种发表，本种于 20 世纪 50 年代后发表，为国内学术界注目。

8 月，云南省六届人大三次会议接受刘明辉辞去常委会主任职务，孙雨亭、张子斋辞去常委会副主任职务，侯良辅、彭名川、马逸飞、杨正南、徐永椿、郭庆基辞去常委会委员职务的请求。

11 月 13 ~ 17 日，中国林学会树木学专业委员会在湖南省大庸市召开成立大会，第一届专业委员会委员 27 人，徐永椿任主任委员，朱政德、洪涛、祁承经、李秉滔任副主任委员，并组成 7 人的常务委员会，下设教学、科研、科普咨询及对外交流 4 个学组。

12 月，郑万钧主编《中国树木志》（第二卷）由中国林业出版社出版。徐永椿编写《中国树木志》第二卷中的壳斗科三个属（三棱栎属、栎属、青冈属）。

是年，徐永椿获中国林学会颁发“从事林业工作 50 年”荣誉证书。

是年，徐永椿任云南植物学会名誉理事长。

• 1986 年

3 月，徐永椿《三棱栎的分类与分布（The classification and distribution of

Trigonobalanus doichangensis）》刊于《西南林学院学报》1986 年第 1 期 3 ~ 11 页。

3 月 6 日，日本广岛大学综合科学部环境科学系副教授、理学博士近藤胜彦先生，在昆明植物研究所助理研究员武素功、顾志建和纳海英的陪同下到西南林学院参观访问。院长王春林副教授，徐永椿、任玮教授，杨元昌副教授以及有关学科的教学、科研人员参加会见，座谈是在亲切友好的气氛中进行的。宾主双方就热带雨林的保护、森林病虫害防治和高等教育等问题广泛交换了意见。

10 月，徐永椿、曾觉民《云南主要树种区划》由西南林学院刊印。

11 月 10 ~ 17 日，“2000 年中国林业教育发展规划专题研讨会”在西南林学院召开。林业部教育司司长张观礼、副司长张启出席并主持会议。出席这次会议的有林业部所属六所高等林业院校，北京林业干部学院、南京中等林业研究中心和黑龙江省森工总局等九个单位的院校长、教务处长和有关领导以及承担课题研究的人员。国家教委、林业出版社和云南省林业厅有关负责人也参加大会。与会人员共 79 人。西南林学院承担的“发展中国家林业教育”“林业高等成人教育发展的目标及教育结构”“林业高等成人教育发展战略对策”和“国有林区教育对策”四个方面的问题，主持这些课题的有徐永椿。

12 月，徐永椿就《三棱栎的分类与分布》在中国林学会树木专业学术讨论会上进行交流。

• 1987 年

6 月 8 日，日本神户大学著名植物学家田村道夫教授一行二人到西南林学院访问。访问期间与徐永椿教授就学术问题交换意见，并参观学院树木标本室。

8 月，由西双版纳自然保护区综合考察团编，徐永椿、姜汉侨、全复主编《西双版纳自然保护区综合考察报告集Ⅰ》《西双版纳自然保护区综合考察报告集Ⅱ》由云南科技出版社出版。

10 月 10 日，西南林学院人事处通知徐永椿退休。

12 月，谢铭、徐永椿、姜汉侨、任玮、张嘉宾《他们为振兴云南林业献计献策——我省部分专家学者在省林业座谈会上的发言摘录》刊于《云南林业》1987 年第 12 期 6 ~ 8 页。

是年，徐永椿、曾觉民《云南主要树种区划（摘要）》刊于《云南林业科技》1987 年（增刊）1 ~ 2 页。

• 1988年

是年春,《云南植物研究》第二届编委会成立。吴征镒任主编，周俊任副主编，冯国楣、冯耀宗、曲仲湘、朱维明、许再富、孙汉董、李恒、李锡文、杨崇仁、肖常斐、张敖罗、陈宗莲、赵树年、胡忠、段金玉、姜汉侨、徐永椿、唐耀、黄冠鋆、裴盛基、薛纪如、臧穆为编委，黄冠鋆为编辑部主任，岳远征、刘艾琴为编辑。

3 月，云南省植物学会在昆明科技宫召开第七届会员代表大会暨 35 周年学术年会，向从事植物学研究 35 周年以上的会员颁发表彰证书。云南省植物学会第七届理事会吴征镒任名誉理事长，周俊任理事长，孙必兴、裴盛基任副理事长。

4 月，樊国盛、徐永椿《中国刺篱木属分类的初步研究》刊于《西南林学院学报》1988 年第 2 期 131 ～ 135 页。

7 月，徐永椿、姜汉侨主编《哀牢山自然保护区综合考察报告集》由云南民族出版社出版。

9 月，唐亚、徐永椿《云南杜英科新分类群》刊于《植物研究》1988 年第 3 期 95 ～ 99 页。

10 月 20 日，中国植物学会 10 月 20 ～ 23 日在四川成都举行第十届会员代表大会暨 55 周年学术年会，参加会议的代表有 450 余人。常务副理事长王伏雄教授主持开幕式，理事长汤佩松教授致开幕词，回顾植物学会成立 50 余年的历史，总结近 5 年来的工作，展望植物学的未来。徐永椿获 1988 年中国植物学会颁发“从事植物学工作 50 年的科学家”证书。

11 月，徐永椿当选为中国林学会树木学专业委员会名誉主任委员。

11 月，西南林学院《云南树木图志（上）》出版。《云南树木图志》由西南林学院和云南省林业厅共同主持，著名林学家、树木学家、中国树木学专业委员会主任委员徐永椿教授主编，荟萃省内外同行专家、学者、科技工作者参加编写的《云南树木图志》，文字简练、内容丰富、插图精美。本志第一卷共收集蕨类植物、裸子植物及双子叶植物共 33 科，119 属，653 种，2 亚种，1 栽培型，69 变种，5 变型。科、属均有形态描述、地理分布。科、属描述之后，除单种属外，均有分属、分种检索表。

12 月，《中国林业年鉴》（1987 年）刊登《全国高等林业院校、系教授、

研究员名录》，西南林学院有森林植物学徐永椿、薛纪如，森林经理学曹宁湘，森林保护学任玮、吴铱、曹诚一（女），野生动物学杨元昌，林业经济王春林8位。

是年，云南省生态学会成立，姜汉侨任云南省生态学会理事长，徐永椿云南省生态学会名誉理事长。云南省生态学会前身是云南省植物学会生态地植物专业委员会。

• 1989年

3月23日，徐永椿主持由云南省林业调查规划设计院张嘉宾完成的《森林生态经济学》成果鉴定会。

4月，中国农业百科全书总编辑委员会林业卷编辑委员会《中国农业百科全书·林业卷（上）》由农业出版社出版。林业卷编辑委员会由梁昌武任顾问，吴中伦任主任，范福生、徐化成、栗元周任副主任，王战、王长富、方有清、关君蔚、阳含熙、李传道、李秉滔、吴博、吴中伦、沈熙环、张培杲、张仰渠、陈大珂、陈岳武、陈燕芬、邵力平、范济洲、范福生、林万涛、周重光、侯治溥、俞新妥、洪涛、栗元周、徐化成、徐永椿、徐纬英、徐燕千、黄中立、曹新孙、蒋有绪、裴克、熊文愈、薛纪如、穆焕文任委员。《中国农业百科全书·林业卷》树木学主编徐永椿，副主编李秉滔、洪涛。《中国农业百科全书·林业卷》1992年12月荣获第六届全国优秀科技图书奖一等奖。

4月，樊国盛、徐永椿《中国山桂花属分类的订正》刊于《广西植物》1989年第1期31～33页。

5月，樊国盛、徐永椿《泸沽湖自然保护区森林植被及木本植物区系》刊于《西南林学院学报》1989年第2期99～107页。

9月，徐永椿主编《科研成果及学术论文汇编（1979～1989年）》由西南林学院刊印。

7月25日，徐永椿主持由云南省林业调查规划设计院汪家铳、刘中天、汤家生、陈夫银、王春生等完成的《云南森林立地类型、质量评价及其应用的研究》成果鉴定会。该成果1990年11月中国林业出版社以《云南森林立地分类及其应用》专著出版。

是年，徐永椿题词：祝贺本标本室创建五十周年 珍藏标本十万封 惨淡经营五十年，一九八九 徐永椿写于昆明温泉 时年八十。

12 月，徐永椿题词：纪念云南林业高等教育创建五十周年 回忆建系五十年，历尽艰辛苦与甜。几度分迁几度合，历史发展总向前。今已扩建林学院，已偿西南人民愿。喜看新秀层辈出，树木树人与时增。一九八九年 徐永椿写于昆明温泉 时年八十。

12 月 23 日，西南林学院召开“云南高等林业教育五十年暨徐永椿教授执教五十年”纪念大会。参加大会的有云南省人大常委会、省科委、省科协、省林业厅、省林学会、省林业科学院、中国科学院昆明植物研究所、林业部西南林勘院、西南航空护林总站、省林勘院和省林校等单位的领导。

12 月，孙韬主编《绿沃高原（云南林业高等教育五十年）》由西南林学院刊印。

• 1990 年

4 月，徐永椿题词：继承五四光荣传统，热爱祖国，热爱边疆，热爱各族人民，立志为建设有中国特色的社会主义祖国作出自己的贡献。

5 月，西南林学院、云南省林业厅编著，徐永椿主编《云南树木图志（中）》出版。本卷收载双子叶植物 43 科，200 属，827 种，1 亚种，54 个变种和 2 个变型。

5 月 8 日，徐永椿主持由云南省林科院罗良才、徐莲芳、冯志舟、刘金凤完成的《云南经济林木材性质及用途研究》成果鉴定会。该成果将历年来积累的资料全部整理编写成《云南经济木材志》一书。该书于 1989 年 9 月，由云南人民出版社出版发行。全书 65.2 万字，分上、下两篇，上篇论述木材的特征和用途，包括云南经济木材 303 种（含变种）；下篇记述木材的主要用途分类，供用材部门应用和参考，书末附木材显微照片和珍稀木材彩色照片 834 幅。全书大部份资料均为作者等近 30 年来调查研究及观察测试所得，其中 170 余种木材是国内其它单位未曾进行过研究或未如此全面研究过的树种。该书是全国省一级的第一部木材志书。

6 月 29 日，由徐永椿、姜汉桥、刘德隅、陈永森、庞金虎、钱德仁、王继先、张世政、郑英余等完成的《哀牢山自然保护区综合考察报告集》（云南省森林资源调查管理处（84）森管（生）字第 03 号）通过云南省林业厅组织的成果鉴定，项目完成时间 1984.6 ~ 1986.10。本报告集是对哀牢山自然保护区首次进行多学科考察的综合成果，包括有综合报告和地质地貌、气候、森林土壤、植被

植物、森林资源、大型真菌、兽类、鸟类、两栖爬行类、森林昆虫、生态经济等学科的十一个专题考察报告和动植物名录。此成果：(1)填补了对哀牢山地理自然地区环境和生物资源状况全面认识的空白；(2)论证了哀牢山自然保护区的保护目的和主要保护对象；(3)搞清了云南松和思茅松在云南天然分布的界线；(4)明确了冷杉属植物在云南中部呈间断性分布；(5)哀牢山自然保护区保存着我国亚热带面积最大，且以云南特有树种为优势的中山湿性常绿阔叶林；(6)首次对哀牢山山地气候进行梯度观测。该成果被科研、教学部门引用为研究和教材的基础资料，被国土整治环境保护等部门用为典型材料，为地方志的编写提供了最新情况，为国家级自然保护区审批提供依据。该成果基本摸清了哀牢山自然地理环境和生物资源本底，发现了一些新的植物群系，确定了特有生物种，对生物多样性保护，提供了科学依据。

7 月，徐永椿获首批国务院政府特殊津贴。

7 月，徐永椿、毛品一、李文政、陈介、李锡文《云南乔灌木树种资源的地理分布及经济用途研究》通过云南省科委鉴定，1992 年 12 月获云南省科技进步三等奖。项目主持人徐永椿教授荟萃了近 30 名从事植物研究的专家、学者，对 50 年来收集的标本、资料进行了分析、研究、鉴定、整理。尤其在专科、专属的研究中，发现了不少新分类群，鉴定出新属、新种或改隶新组合，以及新的分类等级、新的分类系统。如：壳斗科(Fagaceae)，不仅确立了新的分类系统，还发现一新纪录属，6 个新种；杨柳科(Salicaceae)的研究、编写达到新的高度，发表了 7 种新种，6 个变种，分类系统上也有新的发展，受到好评；山柚子科(Opiliaceae)，发现一新纪录属；竹亚科发表不少新种，榉科由全图志的 20 个属增到 24 个属，有了新的进展，新的突破。本研究项目不仅具有很高的学术价值，而且在教学、科研和生产建设上具有很高的实用价值，研究成果达到国内先进水平。

7 月 6 日，徐永椿主持由云南省林科院、楚雄州一平浪林场、保山地区林科所等完成的《云南松优良种源选择及种源区划》成果鉴定会。

9 月，中国林业人名词典编辑委员会《中国林业人名词典》(中国林业出版社)徐永椿[7]：**徐永椿（1910—），森林植物学家。江西龙南人，出生地江西新建。1938 年毕业于中央大学森林系。曾任云南大学副教授、台湾省台中农学院**

[7] 中国林业人名词典编辑委员会．中国林业人名词典 [M]. 北京：中国林业出版社，1990，159-160.

副教授。建国后历任云南大学教授、昆明农林学院教授，1979 年起任云南林学院（1983 年改称西南林学院）教授、副院长、院长、顾问。是中国林学会第三、四、五届理事，中国林学会树木学专业委员会第一届主任，云南省林学会第二、三、四届副理事长，第五届理事长，第六届名誉理事长，国务院学位委员会第一届农科评议组成员，云南省第六届人大常委会委员，1979 年加入中国共产党，1985 年获中国林学会表彰从事林业工作 50 年的科技工作者荣誉证书。从事树木学的教学和研究，尤长于壳斗科。发表该科新种 24 个，新组合 22 个，属的新记录 1 个。与他人合作发表《云南壳斗科分类与分布》《云南壳斗科新种与新组合》等论文。

• 1991 年

2 月 22 日，《中国林业报》第 3 版刊登《光荣榜》：西南林学院任玮、徐永椿、曹诚一、薛纪如为国家教委荣誉证书获得者，标志西南林学院"四大名师"正式形成。

3 月，吴征镒主编《蔡希陶纪念文集》出版，该书是为纪念蔡希陶 70 周年诞辰和逝世 10 周年而编选，包括学术著作 23 篇和文学著作，其中收录徐永椿《怀念我国著名的植物学家蔡希陶先生》一文。

3 月，徐永椿主持由西南林学院、比利时根特大学李芝喜、杨存健、杨元昌等共同完成的《新一代卫星遥感数据编制西双版纳森林植被图及其动态监测研究》成果鉴定会。

5 月，《中国科学技术专家传略 · 林业卷 1》收录徐永椿。

6 月，西南林学院、云南省林业厅编著，徐永椿主编《云南树木图志（下）》出版。

10 月，李国瑾《宝剑锋从磨砺出——记中国树木学家徐永椿》刊于《云南林业》第 5 期 5 ~ 6 页。

• 1992 年

12 月，李恒、徐永椿《独龙江壳斗科新种》刊于《云南植物研究》1992 年第 S5 期 22 ~ 25 页。

• 1993年

1月，林印《徐永椿创建树木标本室》刊于《中国林业教育》1993年第1期第38页。

5月28日，在福建省厦门市召开的中国林学会第八次全国会员代表大会上，徐永椿、毛品一、李文政、陈介、易培同等同志合作完成的《云南树木图志》获第二届梁希奖。《云南树木图志》这部500多万字的巨著，凝聚了植物分类学几代人的辛勤劳动和心血，标志着云南木本植物研究达到了新的高度。云南省森林类型多样，种类复杂，特别是当前生物多样性研究在国际上已逐步形成热点的情况下，图志的出版为生物学、植物学、生态学的研究提供了可靠的资料和依据，其意义和作用远远不限于林学本身。该书编写规范严谨、内容丰富、资料翔实可靠，记述准确精练，无论在学术理论还是实用价值上，都达到了国内同类著作的先进水平。

6月，徐永椿教授病重，住院期间仍念念不忘林业教育事业，与夫人曹诚一商定，倾其所有捐资2万元设立“徐永椿、曹诚一教授”奖学金，以奖励学业优异的学生，殷切希望后继者茁壮成长。6月15日，根据徐永椿和曹诚一提议，将他们捐赠的2万元设立“徐永椿、曹诚一”奖学金。

8月15日，徐永椿病逝。《徐永椿同志生平》：著名林业教育家、树木学家、西南林学院原院长、党委委员、中国树木学专业委员会第一任主任委员徐永椿教授，因病医治无效，于1993年8月15日下午7时10分在昆明逝世，享年83岁。徐永椿同志1910年11月26日出生于江西省新建县。1938年毕业于中央大学森林系，1938年8月在中国木业公司四川分公司任技术员；1939年8月至1948年7月在云南大学农学院森林系任助教、讲师、副教授；1948年8月在台湾台中农学院森林系任副教授；1949年2月在云南大学农学院森林系任副教授；1951年8月在云南大学林学系任教授、系主任；1953年加入中国民主同盟；1958.8～1970.12在昆明农林学院任教授、林学系主任、森工系主任、副教务长、图书馆馆长等职；1971年1月在云南农业大学任教授；1973年1月在云南林业学院任教授；1979年1月加入中国共产党；1979年6月任云南林学院副院长兼图书馆馆长；1980年10月任云南林学院院长、党委常委；1981年任国务院学位委员会第一届农学学科委员；1983年11月任西南林学院顾问。曾当选云南省第二、三、四、五、六届人大代表及第六届人大常委会委员。还先后担任中国

树木学专业委员会主任委员、云南省科协常务委员、云南林学会理事长、云南植物学会名誉理事长、中国民主同盟省委常委、顾问等职。徐永椿同志是云南高等林业教育的创始人之一。1939 年 7 月他与我国早期的林学家张福延等人一起到昆明筹建了云南大学农学院。该校森林系是我国成立较早的森林系之一，是云南林业教育事业的开端。该校历经抗战时期的搬迁，50 年代的院系调整，60 年代的下放疏散和 70 年代与北京林学院合并、分离等多次变迁，整个过程中，徐永椿同志一直在该校从事教学和担任领导工作，并积极倡导在西南地区建立一所独立的林业高等学府，1983 年这一愿望终于得到实现。54 年来，徐永椿同志历经坎坷，矢志不移，为林业事业作出了突出贡献。徐永椿教授既努力搞好教学，又致力于科学研究。40 年代末，他就开始对亚热带森林最重要的组成树种壳斗科植物进行分类学研究，发表了该科新种 20 余个，新组合 20 余个，对我国壳斗科研究做了很多订正补充工作，主编了《祖国农业百科全书·林业卷》树木学分支和《云南树木图志》，并与他人合作编写了《云南植物志》《西藏植物志》《中国树木志》中的壳斗科部分。其中《云南树木图志》（上、中、下）于 1993 年荣获第二届中国林学会梁希奖。还发表了多篇很有价值的研究论文。徐永椿同志在教书育人和科学研究的领域里，辛勤耕耘五十多年，把自己的一生献给了祖国的林业教育事业，为党和国家培养了大批林业科技人才，硕果累累，桃李满天下。1985 年中国林学会给他颁发了“从事林业工作 50 年”荣誉证书，1988 年中国植物学会给他颁发了“从事植物学工作 50 年的科学家”荣誉证书，1989 年第一批被评为享受政府津贴的科学家。1991 年列入伦敦国家传记中心出版的《澳洲及远东名人传》，1993 年英国剑桥传记中心授予他“二十世纪有杰出成就”的奖章。徐永椿同志五十余年如一日，在林业教育园地辛勤地培育，在林业科研工作中勤奋地劳作，为培养林业专门人才，为开发边疆林业事业作出了重大贡献。今年 6 月，他在病重住院期间，仍念念不忘林业教育事业，倾其所有捐资 2 万元设立奖学金，以奖励学业优异的学生，殷切希望后继者茁壮成长。8 月 7 日，还在病榻前同院领导谈论学校的发展与培养青年教师的问题，时刻惦记着年青一代的成长。徐永椿同志的一生，是忠诚党的教育事业，无私奉献的一生；是为林业教育事业执着追求，勤奋耕耘的一生；是严于律己，宽以待人，为人师表的一生。徐永椿同志的逝世，使我们失去了一位好领导、好教授、好同志，是我国林业教育事业和树木学界的一大损失。他的献身精神和高尚品德将永远留在我们心中。他

对林业科学所作出的学术贡献永远是我们的宝贵财富。我们怀着沉痛的心情缅怀徐永椿同志，要化悲痛为力量，继承他未尽的事业，开拓创新，为振兴林业教育事业而奋斗。徐永椿同志安息吧！

9月17日，《中国林业报》第3版刊登《讣告》：著名森林植物学家，西南林学院原院长、党委常委徐永椿教授，因病医治无效，于1993年8月15日在昆明逝世，享年83岁。徐永椿同志历任中国林学会第三、四、五届理事，中国林学会树木学专业委员会第一届主任委员，云南省林学会第二、三、四届副理事长、第五届理事长、第六届名誉理事长，国务院学位委员会第一届农学评议组成员，云南省第六届人大常务委员会委员等职务。徐永椿同志在教书育人和科学研究的领域里，辛勤耕耘50多年，为党和国家培养了大批人才，为开发边疆林业事业做出了重大贡献。中共西南林学院委员会　一九九三年八月三十日。

12月，徐永椿、任宪威《栎属和青冈属的新组合（英文）》刊于《北京林业大学学报》1993年第4期46～48页。

是年，英国剑桥传记中心授予徐永椿“二十世纪有杰出成就”的奖章。

• 1994年

2月，任宪威《他一生为了树——怀念徐永椿教授》刊于《国土绿化》1994年第1期42～43页。

9月，董全忠编、徐永椿校《农林科技拉丁文（农学、林学、园林、经济林、木材、植保、兽医等专业适用）》由西南林学院刊印。

10月，为纪念徐永椿教授，徐永椿、李乡旺教授在泸西发现植物新种而命名的永椿香槐（*Cladrastis yunchunii* X.W.Li et G.S.Fan）。李乡旺、樊国盛《香槐属一新种（A NEW SPECIES OF CLADRASTIS RAF.）》刊于《植物研究》1994年10月第14卷第4期第2页。

• 1995年

2月，《云南古树名木》由德宏民族出版社出版发行，编委主任及主编王民（原省顾委委员、原省林业厅厅长），副主编全复、刘德隅、李乡旺，编委19人，聘请徐永椿、冯国楣、薛纪如等专家任顾问。

• 1998 年

3 月,《中国植物志》(第 22 卷)由科学出版社出版。徐永椿受中国植物志编委会邀请，编写《中国植物志》(第 22 卷)壳斗科的三个属(三棱栎属、栎属、青冈属)。《中国植物志》是目前世界上最大型、种类最丰富的一部科学巨著。全书 80 卷 126 册,5000 多万字，记载中国 3 万多种植物，共 301 科 3408 属 31142 种。蕨类植物：61 科，224 属，2549 种；裸子植物：11 科，41 属，237 种；被子植物：229 科，3143 属，28356 种。该书基于全国 80 余家科研教学单位的 312 位作者和 164 位绘图人员 80 年的工作积累、45 年艰辛编撰才得以最终完成。2009 年《中国植物志》获得国家自然科学一等奖。

• 1999 年

9 月，根据西南林学院“西林字(1993)29 号文件”精神，制定徐永椿、曹诚一奖学金的评定办法。

• 2007 年

3 月，王海鹰《徐永椿》一文刊于《云南大学学报(自然科学版)》2007 年 2007 年第 2 期 104，217 页。

• 2009 年

7 月，何天淳、张从信主编《校长春秋 云南高校校长事略》收入《徐永椿事略》。

• 2013 年

1 月，卫魏、刘兴育主编《国立云南大学教授文集 4》收录徐永椿《四川沙坪森林之分布与现时采运情形》一文，该文完成于 1937 年。

• 2015 年

8 月 15 日,《光明网——科普中国——每日名人》刊登《徐永椿：树木人生》一文。

12 月，由西藏自治区林业厅、西南林业大学编著的《西藏珍稀古树名木》

由西藏人民出版社出版。《西藏珍稀古树名木》历时20多年完成，顾问徐永椿、布穷；主编雷桂龙、尹秉高，执行主编李乡旺，副主编陆素娟、冯志舟、毛品一，著文李乡旺、陆素娟、毛品一，摄影李乡旺等。

• 2017年

4月，云南省科技厅科技宣传教育中心、云南省老科技工作者协会编《云南省杰出科技专家传略》由云南科技出版社出版。云南农业大学分会有张海秋、诸宝楚、蔡克华、徐天骝、段永嘉、瞿明宙、昝维廉、肖常斐8位专家入选；云南大学分会有熊庆来、卫念祖、张其濬、王树勋、赵雁来、曲仲湘、朱彦丞7位专家入选；西南林业大学分会有徐永椿、薛纪如、任玮、曹诚一、杨元昌、吴铱6位专家入选。《仁者乐山 百年树木——著名林业教育家树木学家徐永椿》由徐声远、和世钧撰写。

6月，王俊勇《徐永椿教授的林业及林业教育思想》刊于《时代教育》2017年6期136～137页。

• 2018年

11月，西南林业大学“四大名师”——徐永椿、任玮、曹诚一、薛纪如雕像在西南林业大学校园内落成。

11月21日，《中国绿色时报》第3版刊登《树木树人 至真至善——纪念西南林业大学办学80周年暨建校60周年》一文，文中称：“四大名师”是西林特色文化的生动诠释者。中国现代林业教育家、树木学家徐永椿（1910～1993年）倾其一生心血，累积标本10万件，相继撰述《云南壳斗科的分类与分布》《云南植物志》《西藏植物志》，发表壳斗科新种20余个、新组合50余个、种的新分布记录10余个，对我国壳斗科研究做了很多订正补充工作，主编的《云南树木图志》荣获第二届中国林学会梁希奖。中国现代林业教育家、森林病理学家任玮（1918～1993年）勇于开拓、精心育人，苦心经营森林病害标本和真菌标本6000多份，抱病主持编写《云南森林病害》专业巨著，列出云南常见林木病害名录和常见立木腐朽菌名录。著名林业教育家、昆虫学家曹诚一（1916～1995年），毕生从事昆虫教研，代表作《云南的烟潜叶蛾及其近似种烟草瘿蛾》曾列入国家级研究成果，参加编写的《中国农业百科全书·林业卷》荣获第六届全国科技图书一等奖，命名瓢虫科新种21个，发表新种记录56个，出版《云南瓢虫志》，科研成果达到国际水平。著名林业教育家、植物学家和竹类专家薛纪如（1921～1999年）桃李满天下，采得完整“活化石”水杉标本（现存美国哈佛大学标本馆），与有关学者共同发布香竹属、筇竹属等3个新属，空竹属、泰竹属和长穗属等6个属在中国的新分布，以及竹亚科数十个新种，证明云南竹类有220余种，发布裸子植物2个新种和变种，主编《云南森林》《云南竹类资源及其开发利用》《高黎贡山国家自然保护区》等专著。

任玮年谱

任玮（自西南林业大学）

1918 年（民国七年）

11 月 25 日，任玮（Ren Wei，W.Ren）出生于江苏省兴化县长安桥南。母亲任张氏不幸早逝，继母任王氏。父亲任乃赓，名厚声，兴化人，曾任山东莱芜、济宁和江苏砀山县（今属安徽省）县长，1948 年起在中央大学、南京大学文学院任讲师，后专职于图书馆馆藏与文献整理，编有《郑板桥年表》《李映碧先生年谱》《宋子相先生年谱》以及《（民国）续修兴化县志》（李恭简修，魏侨、任乃赓纂）。

1931 年（民国二十年）

是年，兴化县遭受特大洪水灾害，任玮随父任乃赓转入江苏省镇江师范学校初中部读中学。

1933 年（民国二十二年）

6 月，任玮自江苏省镇江师范学校初中部毕业，入浙江省立杭州高级中学。

1937 年（民国二十六年）

7 月，任玮自浙江省立杭州高级中学毕业，考入中央大学森林系，在李寅恭指引下，确定以森林保护学作为自己努力的方向。

1941 年（民国三十年）

5 月，中央大学森林系有五名毕业生江良游、贾铭钰、任玮、斯炜、黄中立。5 月 19 日梁希先生赠诗云：一树青松一少年，葱葱五木碧连天。和烟织出森林学，写在巴山山那边。

7 月，任玮从重庆中央大学森林系毕业任中央农业实验所技佐。

1942 年（民国三十一年）

1 月，任玮获得重庆中央大学森林系毕业证、农学士学位（大字第 68461 号）。

1943 年（民国三十二年）

是年，任玮考入中央大学研究院森林学部研究生兼助教，受业于梁希和

朱健人，从事森林病理学方面的研究，也得到邓叔群的培养和鼓励。朱健人（1904 ~ 1983 年）江苏泰兴人，教授，从事植物生理学教学和科研。1929 年毕业于东南大学生物系，1936 年获德国慕尼黑大学博士学位。曾任四川大学、中央大学、南京大学教授，南京农学院图书馆馆长，全国植物生理学会第一、第二届理事，江苏省植物生理学会第一届理事长。长期从事植物生理的教学和科研工作。译有《植物萎蔫法在农业上的应用》《植物细胞与组织生理学实验指导》《植物代谢生理学实验指导》等。

• 1946 年（民国三十五年）

5 月，任玮兼任重庆中央大学农艺系教员。

• 1947 年（民国三十六年）

8 月，任玮《木材之边材着色及其防治》刊于《农林月刊》1947 年第 8 期 27 ~ 30 页。

12 月，任玮从中央大学研究院农科研究所森林学部毕业，获农学硕士学位（硕士学位证明书第 37 号），应云南大学农学院院长张福延之邀任云南大学农学院森林系副教授，任玮在云南大学开设森林保护学和树病学两门课程，森林保护学课程正式进入中国高等教育的学科设置。

• 1948 年（民国三十七年）

2 月，任玮《苗圃经营与幼苗立枯病之防治》刊于《农林月刊》1948 年第 2 期 21 ~ 23 页。

• 1949 年

是年，任玮任云南大学农学院林学系副教授。

• 1956 年

9 月，任玮由曲仲湘、钱澄宇介绍加入九三学社。

10 月，李清泉经曲仲湘、任玮介绍加入九三学社。

是年，任玮兼云南大学农学院林学系副主任。

是年，云南省植物保护学会成立，任玮任副理事长。

是年，任玮主编《森林植物病理学（协作区通用教材）》（高等林业院校华南西南协作区教材编审委员会）。

• 1957 年

7 月，任玮《昆明附近的森林植物锈菌》刊于《云南大学学报（自然科学部分）》1957 年第 2 期 140 ~ 158 页。文中指出昆明附近森林植物上常见的锈菌种类和分布情况，计有锈菌 26 种，分属于 14 属，另有锈菌寄生菌一种。其中昆明被孢锈（*Peridermium kunmingense*）为一新种同时报道了由昆明被孢锈引起的一种新病害——油杉枝锈病，对由它引发的新病害油杉技锈病提出了整治方法，并为进一步研究奠定了基础。

是年，林业部委托云南大学成立云南林业研究室，有林学系兼管，任命任玮兼任研究室主任，这是云南成立的第一个林业科研机构，在此基础上发展成后来的云南省林业科学研究院。

• 1958 年

是年，任玮任昆明农林学院林学系副教授兼系副主任，至 1973 年。

• 1959 年

是年，中国海南地区橡胶白粉病首次大流行，使胶乳产量减少约一半。

是年，任玮等编著《森林植物病理学》高等林业院校华南西南协作区教材编审委员会（协作区通用教材），《森林植物病理学》是中国第一本以反映华南、西南地区实际林病的教材。

• 1960 年

12 月，任玮《怎样采挖和培植茯苓》刊于《一九六〇年云南林业科学研究报告》44 ~ 51 页。

是年，云南垦区橡胶白粉病也有发生。受云南省农垦局委托，任玮主持河口垦区橡胶白粉病春季流行规律的研究。经过 4 年努力，基本摸清了该病发生情况，流行过程，中心病株在病害流行中的作用；分析了病原菌越冬数量、胶树抽

叶期物候状况、气候条件变化等因素与白粉病流行速度和流行强度的关系，提出了防治建议，为生产部门采纳，防治效果良好。

• 1961 年

9 月，经张干生、彭鉴介绍任玮加入中国共产党。

是年，昆明农林学院林学系党总支书记张赣生，系副主任任玮；森工系党总支书记杨执中；特林系主任杨志；农学系党总支副书记毕婉、石朝英，系副主任马庆华；植保系副主任曹诚一；土化系党总支副书记杨藏富。

• 1964 年

是年春，阿尔巴尼亚政府赠送给中国油橄榄苗 1 万株，昆明海口林场为主要种植点之一。国务院总理周恩来亲临海口林场并亲手栽植了油橄榄苗。这年 5 月，该林场定植的油橄榄苗突发枝干溃疡病，造成植株死亡，病害蔓延，情况严重，各级领导对此非常关注。由云南省林业厅梁芳椿牵头，任玮负责，有关人员配合，进行全面调查研究并及时组织防治。由于采取加强栽培管理、保持林内良好卫生状况，适时合理喷施药剂等措施，控制了该病，同时防治了干腐病、孔雀斑病和油橄榄蜡蚧等。此项工作后由任玮主笔编写成《油橄榄栽培》一书中的病虫害防治部分。他为保证中国大规模引种油橄榄工作的顺利进行发挥了重要作用。

12 月，任玮、陈建文、喻盛甫《河口垦区橡胶白粉病春季流行规律的初步研究》刊于《昆明农林学院科研委员会科研资料汇编（四）》（内部资料）。

是年，任玮兼昆明农林学院林学系主任。

• 1968 年

是年底，云南林业学院林学系增设森林保护专业。

• 1973 年

是年，任玮任云南林业学院亚热带林业系副教授、兼系主任。

是年，任玮作为主要参编人员参加由云南省林业局编《油橄榄栽培》一书。

• 1974 年

是年，任玮参加农林部林业局编《主要病虫害及防治》。

是年，任玮参编农林部林业局编《油橄榄栽培》一书，负责编写病虫害防治部分，该书 1975 年 5 月由农业出版社出版。

• 1978 年

5 月，任玮任云南林学院教授。

9 月 12 日，云南林业学院开始硕士研究生培养工作，录取第一批研究生 8 名，北京林学院迁回北京，留在云南林学院研究生两名，徐永椿招收森林植物学硕士生董全忠，研究方向树木学；任玮招收森林保护学硕士生秦莞蓉，研究方向森林病理。

是年，任玮参加编写全国高等林业院校统一教材、北京林学院主编《林木病理学》，该书 1979 年 8 月由农业出版社出版。

• 1979 年

6 月，任玮任云南林学院副院长兼教务长，至 1983 年 8 月。1983 ~ 1984 年期间兼森林保护研究室主任。

8 月 25 ~ 29 日，中共云南省第三次代表大会在昆明召开，任玮出席。

8 月，任玮参加编写森林病理学的第一部全国统编教材《森林病理学通论》，负责编写根病部分，该教材被评为林业部 1987 年部级优秀教材一等奖和国家教委优秀教材奖。

是年，参加中国林业科学研究院主编的《中国森林病害》，该书 1984 年 12 月由中国林业出版社出版。

• 1980 年

1 月，任玮任第一届林业部科学技术委员会委员，至 1983 年 7 月。

2 月，任玮任九三学社昆明分社第三届委员会（1980.2 ~ 1983.9）委员。

2 月 12 日，任玮主持由云南林学院、昆明市林业局谢开立、蔡志辉、安银岭、马苹完成的《油橄榄病虫害防治研究》成果鉴定会。

3 月，任玮、陈建文、陈秀虹《云南油杉寄生属植物的初步研究》刊于《云

南林业》1980 年第 1 期 27 ～ 30 页。油杉寄生害是针叶林内的一类重要病害，是中国西南地区针叶林内特有的一类重要病害，该文首次报道中国西南地区该属植物的种类、分布及发生发展的一般规律。

5 月 22 日，云南林学院成立招生委员会，任玮任主任。

是年，任玮主持《云南主要林木病害及防治研究》课题，历时 12 年（1980 ～ 1992 年），通过云南省科委组织的鉴定，该研究是对云南油杉锈病、杉木黄化病、西蒙得木枯萎病、苹果干腐病、苹果褐斑病、紫薇白粉病、板栗溃疡病、桃溃疡病、桃疱痂病、华山松腐烂病、桉苗灰霉病、线虫类病害、热带果树病害、经济林木病害等数 10 种病害的系统研究和专题研究，发表论文 30 余篇，取得 9 个方面的成果并有多个创新点。该研究成果于 1996 年荣获云南省科技进步一等奖。

• 1981 年

3 月，任玮、赵丛礼《谈谈森林病虫害的综合防治·林业现代化问题的一个方面》载于云南省科学技术协会编《云南省农业现代化学术讨论会论文资料选编》1981 年 189 ～ 198 页。

6 月，周德群、任玮《桉苗灰霉病初步研究》刊于《西南林学院学报》1991 年第 2 期 201 ～ 204 页。

9 月 23 日，林业部批准云南林学院学位评定委员会，主席徐永椿，副主席任玮、薛纪如，委员徐永椿、任玮、薛纪如、严达夫、曹诚一、吴铱、赵丛礼、王春林、刘亚翠、江缵高、聂振民。

12 月 1 日，《云南林学院学报》创刊，任玮任主编。任玮《卷首寄语——代发刊词》刊于《云南林学院学报》1981 年第 1 期第 1 页。

是年，云南林学院任玮、童俊、游铭佩完成科技成果《油杉寄生生物学特性、发生发展规律及防治技术的研究》并通过鉴定。油杉寄生在云、贵、川、藏，地区分布广，危害严重，是林业生产上急待解决的重要病害。该项成果对油杉寄生的分布规律、危害性、形态解剖特性、生理生化性状、发育循环、浸染机制、病害发生发展与环境及寄生植物的关系等方面作深入系统的研究和报道。并通过对病原寄生物与寄主植物生理、生化等的关系研究，阐明病原寄生物致害的实质，修正和澄清中外学者对该种的描述记载，在学术上有重要的意义。同时在完成规律性研究的基础上，提出易于推广的防治技术，防效达到 80.9%，该成果填补国内空白，获 1990 年度林业部科学技术进步奖。

• 1982 年

3 月，丘华兴、任玮《西藏油杉寄生属一新种——冷杉矮槲寄生（*Arceuthobium tibetense* H.S.Kiu et W.Ren）》刊于《云南林学院学报》1982 年第 1 期 42 ~ 46 页。该种寄生在西藏地区长苞冷杉上，引起一种新病害——冷杉大丛枝病。连同冷杉矮槲寄生在内，该属植物在中国的记录从 3 种 1 变种扩大到 4 种 1 变种。

12 月 21 ~ 26 日，中国林学会第五次会员代表大会在天津召开，选举吴中伦为中国林学会第五届理事会（1982.12 ~ 1985.12）理事长，李万新、陈陆圻、王恺、吴博、陈致生（兼秘书长）副理事长，王恺、王明庥、任玮、冯宗炜、吴博、吴中伦、李万新、陈陆圻、陈致生、张观礼、周以良、范济洲、高长辉为常务理事。

• 1983 年

1 月，由云南省副食品公司、云南省食用菌科技情报站、云南省植物学会食用菌组联合主办的《云南食用菌通讯》创刊，出版 1983 年第 1 期（试刊号）。

5 月 29 日，作为对由英国自然保护委员会主席威尼爵士率领的英国自然保护考察团 1982 年 4 月来华考察的回访，中国科学院组织以中国科学院昆明分院院长兼中国科学院昆明植物研究所所长、中国科学院学部委员吴征镒研究员为团长的中国自然保护考察团，在英国进行为期两周的考察(5 月 29 日 ~ 6 月 12 日)，云南林学院副院长任玮一同参加考察。

6 月 30 日，任玮《植物病害综合防治的原理及其应用》刊于《森林病虫通讯》1983 年第 1 期 24 ~ 26 页。

7 月，任玮任第二届林业部科学技术委员会委员，至 1986 年 12 月。

8 月，任玮获全国少数民族地区先进科技工作者称号。

8 月，任玮任云南林学院副院长，至 1984 年 8 月。

9 月，任玮任九三学社云南省工作委员会（1983.9 ~ 1984.12）委员。

10 月 6 日，经林业部批准，云南林学院于 1983 年 10 月改名为西南林学院。

10月23～29日，中国林学会第二届森林病害学术讨论会在厦门市集美召开，到会的有28个省、市、自治区的78个科研、教学、生产、行政单位共128人，林业部保护司也派员参加会议。会上听取了周仲铭《国内外林病防治进展》、邵力平《针叶树锈病病原菌的演化及种的划分》、李传道《森林病害防治的策略》、任玮《英国自然保护区概况》、杨宝君《植物线虫学概论》以及陈超《我国森林病害发生及防治的现状》的报告。

• 1984年

2月26日～3月3日，在昆明召开了云南省林学会第二次会员代表大会暨学术年会，会议改选产生了云南省林学会第六届理事会，共67人。王民任理事长，吴广勋、任玮、谢铭、王春林、高呼、全复任副理事长，徐永椿任顾问。

3月，任玮《华山松腐烂病的初步研究》刊于《西南林学院学报》1984年第1期57～64页。

5月20日，任玮为西南林学院林业系八〇级（80级）林业专业2班毕业册题词：**献身林业建设 绿化祖国大地 治理山河 把国土绘成丹青 振奋革命精神 攀登科学高峰 立志改革 为造福后代子孙 与我院首届毕业班同学共勉 任玮 一九八四年五月二十日。**

12月，任玮任九三学社云南省第一届委员会（1984.12～1988.7）常务委员。

• 1985年

7月6～12日，中共云南省第四次代表大会在昆明召开，任玮出席。

7月20日，美国联邦农业部森林署森林科学研究所植物研究员、美籍华人何翼万博士偕夫人来西南林学院进行访问和学术交流，参加会见的有森保研究室主任任玮教授、森保系盛世发主任、童俊副主任、病理教研室陈建文主任和其他一些教师、研究生等多人。

11月7日，中国林学会森林病理专业委员会成立大会暨热带、亚热带经济林木病害和进口松病害学术交流会于11月7～12日在云南省昆明市召开。参加会议的有教学、科研、生产等单位的代表80多人。加拿大多伦多大学森林系V.J. 诺丁教授也应邀参加会议，会议收到论文约70篇。宣布中国林学会森林病理专业委员会正式成立，任玮任森林病理专业委员会委员。

是年，任玮任西南林学院教授兼森林保护研究室主任。

是年，任玮被列入联合国林业研究机构（IUFRO）1985 年出版的《世界森林病理学家和森林昆虫学家名人录》。

• 1986 年

10 月，周彤燊、任玮《云南可食的革菌属真菌的分类研究》刊于《云南植物研究》1986 年第 3 期 295 ~ 299 页。

11 月 19 日，在广州召开的第二届国际赤眼蜂学术讨论会旅行团成员加拿大大湖（Greatlakes）森林研究中心 D.D.Wallace 博士、美国德克萨斯农工大学（Texas A & M University）昆虫学系 F.B.Vinson 博士、以色列农业部植物保护研究所昆虫学系 M.Wysoki 博士一行六人，1986 年 11 月 19 日经云南省科技交流中心的安排到西南林学院参观访问，西南林学院王春林院长接见客人，参加接见的还有任玮教授、吴钛副研究员、森保系主任盛世发以及部分教师和研究生。

12 月，任玮任第三届林业部科学技术委员会委员，至 1992 年。

• 1987 年

2 月，周德群、任玮《日本林木病害及其研究概况》刊于《国外林业译丛》1987 年第 1 期 60 ~ 61 页。同期，任凯平、任玮《日本的森林工业》刊于 62 ~ 65 页。

12 月，谢铭、徐永椿、姜汉侨、任玮、张嘉宾《他们为振兴云南林业献计献策——我省部分专家学者在省林业座谈会上的发言摘录》刊于《云南林业》1987 年第 12 期 6 ~ 8 页。

是年，《中国林业年鉴》（1987 年）刊登《全国高等林业院校、系教授、研究员名录》，西南林学院有森林植物学徐永椿、薛纪如，森林经理学曹宁湘，森林保护学任玮、吴钛、曹诚一（女），野生动物学杨元昌，林业经济王春林 8 位。

• 1988 年

3 月，陈建文、盛世法、赵丽芳、任玮《昆明地区主要林木病害研究——五种林木病害的新寄主和新分布》刊于《西南林学院学报》1988 年第 1 期 63 ~ 67 页。

8 月，周德群编，任玮校《食用菌学（森保专业试用教材）》由西南林学院

刊印。

12 月 14 日，任玮主持由云南省林科院李玉媛、刘嘉宝、曾庆尧、祁荣频完成的《楝树植物性杀虫剂研制》成果鉴定会。

是年，任玮任《云南森林病害》主编。

• 1989 年

1 月，在西安召开的中国林学会第七次全国会员代表大会上举办第二次表彰活动，受表彰的共有 98 位林业科技工作者，其中西南林学院任玮、曹诚一受到表彰。

5 月，任玮《油杉枝瘤病的研究》刊于《西南林学院学报》1989 年第 2 期 136 ~ 140 页。

6 月，任玮、谢开立、周德群《保山地区桉树病害及华山松木蠹象考察报告》刊于《保山林业科技》1989 年第 1 ~ 2 期 5 ~ 9，17 页。

8 月，由西南林学院任玮、童俊、游铭佩、戈立人、黄璐琳完成的《油杉寄生生物学特性、发生发展规律及防治技术的研究》通过西南林学院科研处组织的成果鉴定，成果获 1990 年云南省科技进步二等奖，1991 年林业部科技进步三等奖。油杉寄主（*Arceuthobium chinense*）是中国西南地区油杉纯林或混交林分中广泛分布的一种重要林木病害，重病林分病株率高达 95.8%，病情指数 89.2，罹病树材积生长量损失 20.9% ~ 51.1%。幼树遭侵染后常迅速死亡。本项目通过对病害分布规律，危害性、病原生物形态解剖、生理生化性状、发育循环、侵染机制、病害发生发展与环境的关系等系统研究，揭示了病原寄生物致害的实质和病程，修正和澄清了中外学者对本种的描述记载，并通过树干解析和材性测定使受病体损失量化，在系统病理研究的基础上，根据简易低耗、高效的原则完成了防治技术的研究，防效可达 80.9%。推广运用本项研究成果，仅滇中局部地区已查明的 15000 亩罹病林分，活立木生长量可增加 8000 立方米以上，直接经济效益超过 300 万元。

8 月 10 日，由西南林学院森保系、四川省洪雅林场科研所任玮、赵光材、段官安、刘国祥完成的《杉木黄化病因研究》通过西南林学院科研处组织的成果鉴定，成果获 1990 年度云南省自然科学三等奖。杉木黄化病是当前阻碍林业生产发展的主要问题，该项研究针对性强，急生产之所急。研究方法新颖，采用了杉木生理、土壤因素、病原特性等多方面的综合研究，在国内尚属首次。研究结果揭示了在含水率高的酸性土壤条件下，活性铁含量增高，抑制对锰的吸收利用，是导致杉木根系中毒、衰弱并诱致寄生性腐霉侵染，加速死亡的主要因素。研究提出选择排水良好的坡地种植杉木，实行宜杉林地的块状混交，并辅以叶面喷洒猛制剂等防治方法，对生产具有广泛的指导意义。此项研究，选题正确，研究系统，方法科学，内容丰富，在林病理论研究上有重大突破，属于国内同类林病研究的先进水平，在理论和实践上都具有广泛的指导意义。

9 月 7 日，任玮主持由中国林业科学研究院资源昆虫研究所完成的《利用紫茎泽兰栽培食用菌的研究》成果鉴定会。该项科学研究成果经省内外同行专家鉴定，一致认为：紫茎泽兰是一种严重影响农、林、牧业发展的恶性杂草。本研究利用紫茎泽兰作为食用菌培养料，栽培出了平菇、凤尾菇、金针菇、木耳、猴头等七种食用菌，把有害的杂草变成了有益的资源，并能在一定的时空内有效地控制杂草，为综合治理紫茎泽兰开辟了一条特殊的途径。

12 月，任玮题词：要使黄河流碧水 喜看赤地变青山 振兴林业保四化 树木还须先树人 云南高等林业教育五十周年纪念。

12 月，周彤燊、任玮《神农架的鸟巢菌》刊于由中国科学院神农架真菌地衣考察队编、世界图书出版公司《神农架真菌与地衣》1989 年 229 ~ 232 页。

• 1990 年

5 月，任玮《云杉叶疫病的研究》刊于《西南林学院学报》1990 年第 2 期 176 ~ 179 页。

5 月 4 日，任玮题词：继承五四光荣传统 弘扬民主科学精神 献身社会主义事业。

7 月，任玮《双孢蘑菇培养料的堆制及其原理》刊于《云南林业科技》1990 年第 2 期 56 ~ 58，66 页。

9 月，中国林业人名词典编辑委员会《中国林业人名词典》（中国林业出版社）任玮[8]：任玮（1918—），森林病理学家。江苏兴化人。1941 年毕业于中央大学森林系，1946 年获中央大学研究生院硕士学位。1956 年加入九三学社，1961 年

[8] 中国林业人名词典编辑委员会．中国林业人名词典 [M]. 北京：中国林业出版社，1990，71-72.

加入中国共产党。历任云南大学副教授、昆明农林学院林学系副主任、副教授，云南林学院（1983 年改称西南林学院）教授、副院长。是中国林学会第五届常务理事，云南林学会第五、六届副理事长，云南植物保护学会第一、二届副理事长。发表有《昆明附近的森林植物锈菌》，与他人合撰《云南油杉寄生属植物的初步研究》《云南可食的革菌属真菌的分类研究》等论文。

10 月，周得群、任玮《紫薇白粉病生物学及防治》刊于中国林学会森林病理学会举办的 1990 年 10 月《全国阔叶树病害学术讨论会论文集》中。

是年，任玮主持《油杉寄生生物的研究》荣获 1990 年云南省科技进步二等奖。《油杉寄生生物的研究》经 6 年（1982 ~ 1988 年）辛勤的工作，填补了中国在这一研究领域的空白。

• 1991 年

2 月 22 日，《中国林业报》第 3 版刊登《光荣榜》：西南林学院任玮、徐永椿、曹诚一、薛纪如为国家教委荣誉证书获得者，标志西南林学院“四大名师”正式形成。

5 月，周德群、任玮《桉苗灰霉病初步研究》刊于《西南林学院学报》1991 年第 2 期 201 ~ 204 页。

10 月，任玮、周德群、金昊《云南松枝干线虫初步研究》刊于《云南林业科技》1991 年第 3 期 59 ~ 63 页。

是年，任玮获首批国务院政府特殊津贴。

是年，任玮被英国剑桥国际人物传记中心列入《国际上有突出成就的人物》。

• 1992 年

4 月，任玮、周彤燊、陈玉惠《云南油杉叶锈病及其病原菌的研究》刊于《西南林学院学报》1992 年第 12 卷第 2 期 148 ~ 155 页。

4 月，任玮、周彤燊《黑蛋巢菌属的新种新变种》刊于《真菌学报》1992 年第 1 期 23 ~ 28 页。

9 月，林英任、任玮《斑痣盘菌科一新种——松生小鞋孢盘菌》刊于《真菌学报》刊于 1992 年 11 卷第 3 期 210 ~ 212 页。本文报道在云南省昆明市华山松（*Pinus arnandi* Franch.）上发现的斑痣盘菌科一新种及松生小鞋孢盘菌（*Soleella*

pinicola Y.R.Lin et W.Ren），对该种作了拉丁文汉文描述和图解，主模式标本保藏于安徽农学院林学系森林保护教研室。

10 月，任玮完成《云南森林病害》书稿，交付出版。

是年，西南林学院任玮、周彤燊、陈玉惠完成科技成果《云南油杉锈病的研究》。该成果完成了油杉叶锈病的发病规律、病原菌生活史、生物学特性及侵染循环的研究，得出油杉叶锈病为单循环病害，其病原油杉金锈（*Chraysomyxa keteleeriae*）为单主寄生循环型锈菌的结论，并提出防治原则；对油杉枝干锈病进行系统观察，病原菌核相及超微结构研究，并首次发现其病原——昆明被孢锈（*Periderminm kunmingense*）的孢子器阶段。明确油杉金锈与昆明被孢锈虽可危害同一油杉植株，甚至同期产孢，但二者并无必然的联系；新发现一种油杉枝锈病，通过对其病原菌进行比较形态学和细胞学研究后，定名新种油杉被包锈（*Periderminm keteleeriae-dvelynianae*）。以上成果均属国内外首次报导，也是迄今为止国内外对油杉锈病最系统的研究。

• 1993 年

4 月 17 日，任玮因肺心病住院。

7 月 3 日，任玮逝世。西南林学院发布讣告：中国共产党党员、西南林学院原副院长、党委常委、森林保护学教授任玮同志，因病医治无效，于一九九三年七月三日上午九时三十分在昆明不幸去世，享年七十五岁。定于一九九三年七月七日上午九时三十分在昆明市殡仪馆（油管桥）为任玮同志送行。特此讣告 西南林学院。任玮（1918 ～ 1993 年），江苏省兴化县人，1941 年毕业于中央大学森林系，1946 年获中央大学农学硕士学位。中国近现代森林病理学家，林业教育家。曾任云南大学副教授。新中国建国后，历任云南大学、昆明农林学院副教授，云南林学院教授、系主任、副院长，西南林学院教授、副院长，中国林学会第五届常务理事，云南林学会第五、六届副理事长，云南植物保护学会第一、二届副理事长。九三学社社员。1961 年加入中国共产党。从事森林病害防治的教学与研究，为云南省和西南地区森林病理学科的建立和发展作出了开创性贡献。

11 月，任玮主编《云南森林病害》（50 万字）一书由云南科技出版社正式出版。《云南森林病害》凝聚了任玮等编写成员丰富的教学、科研、生产工作的经验，广泛收集整理了数十年云南森林病害的调查研究资料和防治经验，共汇集了云南

主要林木常见病害 216 种，对每种病害都作了较全面的描述。同时列出了云南省常见林木病害名录和云南省常见立木腐朽菌名录。报道了 3 种新病害，13 种国内首次报道的病害，43 种云南省首次报道的病害。

• 1994 年

11 月，周彤、任玮《鸟巢菌的新记录种》刊于《西南林学院学报》1994 年第 4 期 222 ～ 225 页。

• 1995 年

4 月 28 日，任玮主持的《西蒙得木病害防治研究》通过云南省科委组织的成果鉴定。该成果采取宏观与微观、生物学和生态学的系统而综合的研究方法，证明引起西蒙得木罹病的病原菌主要是四种镰孢菌。当土粒过细而粘重和积水便根系窒息衰弱时病菌易于侵染。在紧实土中，土壤含水率大于 25% 或小于 0.005mm 的土粒小于 15%；在疏松的土中，土壤含水率大于 32% 或小于 0.005mm 的土粒大于 30%；0.05 ～ 0.25mm 的土粒小于 50%；空气容量小于 42%，是导致根系衰弱，诱致病原菌侵染而加速死亡的原因。该研究结果为西蒙得木的扩大栽培提供科学依据，达到国内同类研究的先进水平。

12 月，任玮主持的《云南油杉锈病的研究》通过西南林学院组织的成果鉴定。

• 1996 年

12 月，任玮主持的《云南主要林木病害及防治研究》荣获 1996 年云南省科技进步一等奖。《云南主要林木病害及防治研究》，该成果从 1980 开始到 1992 年完成历时 12 年，共完成数十种病害的系统研究和专题研究，发表论文 30 余篇，出版专著 1 本。研究报道新病害、中国及云南新记录病害 59 种；报道病原真菌新种、国内新记录种 12 个。从研究森林病害的角度，首次提出云南森林四大生态区系的理论。首次揭示一些重要病害的病原、生活史、侵染循环、发病规律、流行特点、防治等，充实了中国森林病理学基础理论研究。对某些病害研究提出的治理方案和防治技术，在生产上取得明显经济效益、生态效益。编写出《云南森林病害》，记述病害 216 种，居全国同类著作之冠，已成为云南省森防、检疫的重要工具书、主要教学参考书，产生巨大社会效益。

• 1998 年

9 月,《中国科学技术专家传略·农学编 植物保护卷 2》收录任玮教授。

• 2012 年

6 月,《云南九三》2011 年第 2 期刊登《“森林病理学”的开拓者任玮》一文。

• 2017 年

4 月，云南省科技厅科技宣传教育中心、云南省老科技工作者协会编《云南省杰出科技专家传略》由云南科技出版社出版。云南农业大学分会有张海秋、诸宝楚、蔡克华、徐天骝、段永嘉、瞿明宙、昝维廉、肖常斐 8 位专家入选；云南大学分会有熊庆来、卫念祖、张其濬、王树勋、赵雁来、曲仲湘、朱彦丞 7 位专家入选；西南林业大学分会有徐永椿、薛纪如、任玮、曹诚一、杨元昌、吴鈜 6 位专家入选。《树人树木皆成林——著名森林病理学家和真菌学家任玮》由周彤燊、和世钧撰写。

• 2018 年

11 月，西南林业大学“四大名师”——徐永椿、任玮、曹诚一、薛纪如雕像在西南林业大学校园内落成。

11 月 21 日,《中国绿色时报》第 3 版刊登《树木树人 至真至善——纪念西南林业大学办学 80 周年暨建校 60 周年》一文，文中称:“四大名师”是西林特色文化的生动诠释者。中国现代林业教育家、树木学家徐永椿（1910～1993 年）倾其一生心血，累积标本 10 万件，相继撰述《云南壳斗科的分类与分布》《云南植物志》《西藏植物志》，发表壳斗科新种 20 余个、新组合 50 余个、种的新分布记录 10 余个，对我国壳斗科研究做了很多订正补充工作，主编的《云南树木图志》荣获第二届中国林学会梁希奖。中国现代林业教育家、森林病理学家任玮（1918～1993 年）勇于开拓、精心育人，苦心经营森林病害标本和真菌标本 6000 多份，抱病主持编写《云南森林病害》专业巨著，列出云南常见林木病害名录和常见立木腐朽菌名录。著名林业教育家、昆虫学家曹诚一（1916～1995 年），毕生从事昆虫教研，代表作《云南的烟潜叶蛾及其近似种烟草瘿蛾》曾列入国家级研究成果，参加编写的《中国农业百科全书·林业卷》荣获第六届全国

科技图书一等奖，命名瓢虫科新种21个，发表新种记录56个，出版《云南瓢虫志》，科研成果达到国际水平。著名林业教育家、植物学家和竹类专家薛纪如（1921～1999年）桃李满天下，采得完整“活化石”水杉标本（现存美国哈佛大学标本馆），与有关学者共同发布香竹属、筇竹属等3个新属，空竹属、泰竹属和长穗属等6个属在中国的新分布，以及竹亚科数十个新种，证明云南竹类有220余种，发布裸子植物2个新种和变种，主编《云南森林》《云南竹类资源及其开发利用》《高黎贡山国家自然保护区》等专著。

曹诚一年谱

曹诚一（自西南林业大学）

• 1916 年（民国五年）

6 月 20 日，曹诚一（CAO Cheng-yi）出生在湖南长沙县鹿芝岭枫树屋场一个小学教师家庭。父亲曹绍毂（1946 年去世），母亲何正琬，有弟曹荫之，大妹曹荘五，小妹曹芠六。

• 1923 年（民国十二年）

9 月，曹诚一入湖南省长沙市修业小学学习，至 1929 年 8 月。

• 1929 年（民国八年）

8 月，曹诚一考入长沙市省立第一女子中学。

• 1935 年（民国二十四年）

是年，曹诚一从长沙市省立第一女子中学毕业，以湖南省高考第一的成绩考入武汉大学生物系，随张挺教授学习植物分类学。

• 1936 年（民国二十五年）

9 月，曹诚一在武汉大学由万国瑞（杨纯）介绍加入中共外围组织“武汉大学青年救国团”。

• 1937 年（民国二十六年）

11 月，曹诚一参加鄂豫皖边区由中共湖北省委负责人方毅主持的青年训练班。

是年，曹诚一的父亲曹绍毂在斐光学校任教。

• 1938 年（民国二十七年）

1 月，曹诚一在黄冈七里坪训练班由方毅介绍加入中国共产党[9]。

8 月，武汉大学第四届支部书记由黄大明担任，丁靖宇为组织委员，曹诚一（女）为宣传委员。

8 ~ 9 月，武汉大学内迁四川乐山，机电系助教冯有申、机械系学生陈尚文、

[9] 王炯华 . 朱九思评传 . 武汉 : 华中科技大学出版社，2011.

农学院学生曹诚一，曹诚一是随迁的三名党员之一。冯有申，电力专家，山东平原人。1937 年毕业于北洋工学院电机工程系。曾任重庆中央工业职业专科学校教员、武汉大学讲师。建国后，历任西安电业局、陕西电业管理局、西北电业管理局总工程师、高级工程师。长期从事发电厂、电力网的建设、安全经济运行和技术管理工作，为西北电力系统的发展作出了贡献。陈尚文，原名张多疆，早年参加一二·九学生运动，1937 年加入中国共产党，曾任武汉大学地下党支部书记，1941 年毕业于武大机械工程系，先后在昆明中央机器厂、西南联大、之江大学任职。

8 ~ 10 月，曹诚一在四川嘉定武汉大学农学院农艺系读书。

11 月，曹诚一转学到重庆中央大学农艺系，担任支部宣传委员。

• 1939 年（民国二十八年）

是年，国民政府在重庆设立行政院农产促进委员会，穆藕初任主任委员，主管农业和手工业生产技术的推广。

• 1940 年（民国二十九年）

4 月，教育部为奖励专科以上学校学生学业，开展第一届学业竞试，初选 1269 人，经过复试复选，有 135 人入选，农学院有二名入选，为魏章根（国立中央大学）、曹诚一（国立中央大学）。

7 月，曹诚一毕业于中央大学农艺系，获农学士学位，之后在成都中央农业实验所工作，后任行政院农产促进委员会技士 1 年。

• 1941 年（民国三十年）

7 月，曹诚一任昆华农校专任教员半年。

是年秋，曹诚一到云南大学农学院任教，结识徐永椿。

• 1942 年（民国三十一年）

2 月，曹诚一任云南大学农学院农艺系助教，薪水 170 元。

9 月，曹诚一任云南大学农学院农艺系讲师。

• 1943年（民国三十二年）

10月，曹诚一《成都市区附近之蔬菜害虫防治推广》刊于《农业推广通讯》1943年第5期58～61页。

是年，徐永椿、曹诚一在云南大学喜结连理。

• 1944年（民国三十三年）

5月3日，云南大学字第20744号训令核准，曹诚一为助教。

• 1949年

5月中旬，为迎接解放，云南大学正式组成云南大学“五联会”，即教授会、讲师助教会、职员联谊会、工警联谊会、学生系级代表会，曹诚一为讲师助教会代表。

5月21日，云南大学教授会、讲师助教会、职员联谊会、工警联谊会和学生系代表会分别选出代表组成“五联委员会”。“五联会”发表会章，选郭佩珊为主席。主要成员郭佩珊、曹诚一、杨朝梁、赵谦等都是地下党员或民青、工盟青成员。地下党通过“五联会”，在教职工中组织广泛的读书会，从政治上提高他们的觉悟，发动教职工开展自下而上争取生活待遇的斗争。

• 1950年

是年，曹诚一参加云南高等学校教职员暑期学习。

• 1952年

是年，曹诚一参加云南爱国防疫卫生运动学习。

• 1953年

是年，云南省昆虫学会成立，以云南农、林、牧、医生产上的主要病虫害研究与预防及防治为主，同时关注云南重要的资源昆虫、教学和科普昆虫，将云南昆虫学事业与云南生产实际紧密结合，为云南农、林、牧、医生产做出新的贡献。曹诚一任首届理事长。

是年，曹诚一任云南大学农学院农艺系副教授。

是年，曹诚一《云南的烟潜叶蛾及其近似种烟草瘿蛾》列入国家级研究成果。

• 1956 年

3 月 13 日，中国农学会成立大会暨第一届全国代表大会于北京正式召开，会上选出杨显东为理事长，曹诚一当选为中国农学会首届理事。

3 月，曹诚一《昆明附近蔬菜害虫志略》刊于《云南大学学报》1956 年第 1 期。

5 月，曹诚一任云南农业大学副教授。

6 月，段永嘉、曹诚一等完成《云南省主要作物病虫害调查研究》。

6 月 22 日，云南省农学会成立。中国农学会昆明分会的筹备工作从 1953 年 12 月开始，由张天放、张海秋、段永嘉、朱彦承、黄天祥、程侃声、褚守庄 7 人负责筹组，经中国农学会批准，筹委会于 1955 年 1 月 20 日正式成立。经 1 年多的积极筹备，1956 年 6 月 22 日在昆明光华街科联分会召开成立大会，选举产生第一届理事会，有理事 11 人。

1956.11 ～ 1957.11，曹诚一、卢美溶等完成《菸草潜叶蛾调查研究》。

是年，云南省植物保护学会成立，曹诚一当选为第一届副理事长。

• 1957 年

5 ～ 10 月，曹诚一、卢美溶等完成《昆明附近大豆害虫的调查》。

8 月 11 日，云南省昆虫协会成立。

• 1958 年

8 月，云南大学农学系与林学系分出，成立昆明农林学院，校址在昆明北郊黑龙潭。曹诚一任昆明农林学院副教授、植保系主任。

• 1959 年

3 月 18 日，云南省科协召开有关农业各学会理事联系会，传达全国科协杭州会议关于科学团体进行调整（挂、靠、并、动）的指示。经过酝酿讨论，决定将昆虫、土壤、畜牧兽医、农田水利、农机、园艺等调整合并为农学会，并建立 8 个专业学组，确定各组负责人负责筹备。随后，成立云南省农学会临时工作委员会，共有委员 13 人：王文富、王克书、肖常斐、唐毅吾、高星发、曹诚一、

杨永言、赵利群、黄天祥、诸宝楚、谢芳草、戴铭杰、程侃声。下设粮食作物、经济作物、土壤肥料、植物保护 4 个学组委员会。畜牧兽医、园艺、农机等则先后单独成立学会。

是年秋，何文俊先生主持的“西南地区植物保护教材编写会议”在昆明农林学院召开，西南农学院出席会议的老师有何文俊、李隆术、王辅、欧阳秩，四川农学院陶家凤，滇南大学阮兴业，滇西大学刘有德，昆明农林学院曹诚一、聂衍文、刘伟龙、卢美溶、张中义、牟淑君等。

• 1960 年

5 月，曹诚一参加云南省文教群英会，获集体及个人奖。

6 月 1 ~ 11 日，全国教育和文化、卫生、体育、新闻方面社会主义建设先进单位和个人表彰大会（简称“全国文教群英会”）在北京召开，曹诚一作为云南省文教系统先进工作者出席全国文教群英会。

• 1961 年

是年，昆明农林学院任命林学系党总支书记张赣生，系副主任任玮；森工系党总支书记杨执中；特林系主任杨志；农学系党总支副书记毕婉、石朝英，系副主任马庆华；植保系副主任曹诚一；土化系党总支副书记杨藏富。

• 1962 年

5 月，曹诚一任昆明农林学院农学系副主任。

7 月，中国植物保护学会于 1962 年 6 月经国家科委批准成立。7 月，在黑龙江省哈尔滨市举行成立大会，组成第一届理事会，戴芳澜任名誉理事长，俞大绂任理事长，沈其益（常务）、朱凤美、蔡邦华、赵善欢任副理事长，裘维蕃任秘书长，昆明农林学院曹诚一任理事。

• 1963 年

12 月，曹诚一《马铃薯块茎蛾及其近似种茄叶瘿蛾》收入云南省植物保护学会年会论文选集。

• 1964 年

12 月，曹诚一《云南烤菸上的两种 Cnorimoschema 属害虫》刊于《植物保护学报》1964 年第 4 期 353 ～ 360 页。

• 1966 年

2 月，曹诚一《昆明附近玉米螟发生消长规律调查研究》收入中国昆虫学会编辑、科学出版社出版的《中国昆虫学会二十周年学术讨论会会刊 1964》论文题目。

5 月，无产阶级文化大革命（通称文化大革命，简称“文革”）开始，“文革”期间，因为曹诚一担任昆明农林学院植保系副主任职务，被指控“执行反革命修正主义教育路线”，受到严厉批判，在隔离室被关押 8 个月，下放劳动 5 年，精神上、肉体上受到极大摧残。

• 1968 年

是年，曹诚一被安排参加滇池围海造田跟班劳动。

• 1972 年

是年，曹诚一到云南寻甸县建设大队劳动锻炼。

• 1973 年

是年，曹诚一任云南省寻甸天生桥云南农学院副教授。

• 1978 年

5 月，曹诚一任昆明农林学院副教授。

7 月，中国植物保护学会在山西省太原市第二届理事会，俞大绂任理事长，沈其益（常务）、蔡邦华、陈鸿逵、赵善欢、周明牂、裘维蕃、雷惠质任副理事长，曹诚一任中国植物保护学会第二届理事会理事。

• 1979 年

3 月末至 4 月初，方毅副总理率中央慰问团来云南慰问对越自卫反击战前线归来的战士，4 月 4 日到安宁温泉专程看望曹诚一。对于方毅自始至终的关怀，曹诚一写下《感遇》一诗：坠雨辞云四十年，殷勤教诲镂心间。革命征途非平坦，艰辛倍历永向前。

• 1980 年

5 月，云南林学院曹诚一副教授选万彤做她的助手。

12 月，《为害边材及幼树的双齿长蠹》刊于《林业病虫通讯》第 4 期。双齿长蠹（*Sinoxylon japonicum* Lesne），在昆明 1 年 1 代，7 月中旬至 8 月中旬成虫羽化，7 月下旬是成虫羽化高峰。自蛀孔逸出的成虫取食新鲜侧柏及云南松枝条的树皮，并蛀入其中。成虫蛀入边材后，排出粉状蛀屑。蛀孔圆形，直径 2.53 毫米。从劈开的被蛀小径材看，蛀道限于树皮下边材而不深入，虫道简单直行，沿树皮下的边材而不达心材。防治法：将发现有蛀孔及蛀屑的小径木材用棉花涂以敌敌畏 500 倍液，因蛀入不深，可将各虫态一并杀灭。

• 1981 年

3 月 16 日，云南省人民政府云政发（1981）52 号文《关于授予李埏等七同志教授职称的通知》，批准曹诚一、薛纪如二同志为云南林学院教授。

3 月，曹诚一《昆明地区点条灯蛾（黄领麻纹灯蛾）的几种天敌昆虫》刊于《云南林学院学报》1981 年第 1 期 34 ～ 40 页。

7 月，曹诚一《双齿长蠹——中国新记录》刊于《昆虫分类学报》1981 年第 2 期第 118 页。

9 月 23 日，林业部批准云南林学院学位评定委员会，主席徐永椿，副主席任玮、薛纪如，委员徐永椿、任玮、薛纪如、严达夫、曹诚一、吴铱、赵从礼、王春林、刘亚翠、江缵高、聂振民。

10 月，曹诚一《苹果赤筒天牛的生活习性及其防治》刊于《植物保护学报》1981 年第 3 期 193 ～ 196 页。

• 1982 年

1 月，曹诚一、万彤、潘勇智《菸潜叶蛾、菸草瘿蛾的综合防治及其传入途径问题的商榷》刊于《云南农大科技》1982 年第 1 期 15 ～ 18 页。

3 月，曹诚一、万彤《异色瓢虫色斑类型在云南的地理变异》刊于《云南林

学院学报》1982年第1期46～52页。

4月，经曹诚一推荐，西南林学院聘请中国科学院动物研究所研究员小蛾类分类专家刘友樵先生作为西南林学院林业昆虫专业第一届硕士研究生的兼任指导教师（注：硕士研究生的论文题目是：为害针叶树的卷蛾类的习性及综合防治研究）。

7月，曹诚一、肖宁年、万彤《瓢虫外生殖器的制片技术》刊于《森林病虫通讯》1982年第2期39～40页。

是年，云南省林业厅主持的全省森林病虫害普查工作开始。由林业部统一领导，1982～1985年云南省林业厅主持的全省森林病虫害普查工作中，曹诚一教授承担鞘翅目瓢虫科昆虫的鉴定任务。发表《云南瓢虫科新种记述》和《云南瓢虫科昆虫名录》两篇论文，合称《云南瓢虫科昆虫资源》，荣获云南省科研成果奖。国内著名专家对这一科研成果给予高度评价："曹诚一教授主持、完成的云南瓢虫科分类研究，包括全省130个县（市）的瓢虫7亚科46属168种，为迄今最完整的一份名录，占全国已知种数的60%以上，对中国瓢虫区系研究很有价值；新记述的17个新种描述精细，易于鉴别，达到国内先进水平，对世界瓢虫区系研究做出了积极贡献。""由于已明确25.4%为植食性瓢虫，74.6%为捕食性瓢虫，这在农林害虫种类调查和害虫生物防治方面更有重要意义，这一成果是一项重要的基础研究。"

• 1983年

1月，曹诚一《欧洲大菜蝶的分布、为害及其防治》刊于《云南农大科技》1983年第1期14～20页。

3月，曹诚一《栗大蚜的寄主、天敌及其防治探讨》刊于《云南林学院学报》1983年第1期14～19页。

4月，曹诚一、肖宁年《异色瓢虫重名变种在云南的发现》刊于《动物学研究》1983年第1期81～83页。

1984年

1月，曹诚一、肖宁年、万彤《异色瓢虫色斑类型和地理变异的一些问题》刊于《云南农大科技》1984年第1期17～24页。

3 月，曹诚一、肖宁年《云南瓢虫科昆虫名录》刊于《西南林学院学报》1984 年第 1 期 92 ~ 106 页。

5 月，曹诚一为西南林学院林业系八〇级（80 级）林业专业 2 班毕业册题词：同学们：你们即将走上林业四化岗位，祖国和人民热切地等待你们，欢迎你们！林业是国民经济的基础。祖国山地广阔，树种繁多，林业潜力极大。目前林业状况远不能适应经济建设的需要。盼望你们为林业建设作出卓越的贡献，在本世纪末，我们伟大的祖国处处是：江河流碧水，青苍横翠微！曹诚一 1984 年 5 月。

9 月，曹诚一、肖宁年《云南瓢虫科新种记述》刊于《昆虫分类学报》1984 年 Z1 期 109 ~ 125 页。

9 月，曹诚一、肖宁年《云南素菌瓢虫属五种食菌瓢虫新记录》刊于《动物学研究》1984 年第 3 期 298 ~ 299 页。

10 月 18 ~ 24 日，中国昆虫学会成立四十周年庆祝大会暨学术讨论会在北京召开，28 个省、自治区、直辖市的 300 多位代表参加大会，中国昆虫学会表彰从事昆虫学工作四十年以上会员，曹诚一受到表彰。

• 1985 年

1 月，曹诚一硕士研究生杨光、武春生毕业，分别分配到云南大学、西南林学院工作。

2 月下旬，中央电视台的午间新闻里正在报道一场别开生面的研究生硕士论文答辩会，会场是在医院病房的活动室里。屏幕上出现的是一位身穿住院病人服、戴着深度近视眼镜的老人，正与学生谈话的画面，她就是研究生的指导教师、西南林学院教授、昆虫学家曹诚一。

3 月 22 日，《云南日报》报道：曹诚一教授及其助手肖宁年，经过多年系统调查研究，在云南省发现 17 种瓢虫新种，在国内昆虫学界引起反响。

3 月，曹诚一、肖宁年《云南小长瓢虫属一新种（瓢虫科、瓢虫亚科）》刊于《西南林学院学报》1985 年第 1 期 162 ~ 166 页。

6 月，史锁达、任志高编《著名农学家教育家金善宝》出版，书中 123 ~ 125 页收入曹诚一《敬爱的金老师是我一生的楷模》一文。

12 月，曹诚一、蒲天胜《广西瓢虫科一新种及一新记录》刊于《昆虫分类学报》1985 年第 4 期 273 ~ 275 页。

12 月，曹诚一、肖宁年《瓢虫科中国新记录种》刊于《昆虫分类学报》1985 年第 Z1 期 109 ～ 125 页。

是年，曹诚一被评为云南省高等院校优秀教师，并获得云南省科技成果奖。

• 1987 年

3 月，曹诚一《为害昆明朴树的花斑切叶象》刊于《西南林学院学报》1987 年第 1 期 59 ～ 62 页。

3 月，云南省林业厅，中国科学院动物研究所主编《云南森林昆虫》出版，其中曹诚一、肖宁年编写《瓢虫科》601 ～ 632 页。

5 月，武春生、曹诚一、刘友樵《云南油杉种子小卷蛾新属新种记述及其生物学特性的研究(鳞翅目：卷蛾科)》刊于《林业科学》1987 年第 2 期 151 ～ 161 页。

是年，《中国林业年鉴》(1987 年) 刊登《全国高等林业院校、系教授、研究员名录》，西南林学院有森林植物学徐永椿、薛纪如，森林经理学曹宁湘，森林保护学任玮、吴铱、曹诚一(女)，野生动物学杨昌元，林业经济王春林 8 位。

• 1988 年

3 月，曹诚一《木通食植瓢虫 *Epilachna clematicola* 的生活习性研究初报》刊于《西南林学院学报》1988 年。

4 月，曹诚一《中国壳斗科树木害虫》刊于《西南林学院学报》1988 年第 2 期 228 ～ 229 页。

10 月，曹诚一《云南瓢虫科昆虫研究成果》刊于《生物科学信息》1988 年第 1 期 7 ～ 9 页。

是年，曹诚一任云南省昆虫协会名誉理事长。

• 1989 年

1 月，在西安召开的中国林学会第七次全国会员代表大会上举办第二次表彰活动，受表彰的共有 98 位林业科技工作者，其中有西南林学院任玮、曹诚一。

1 月，曹诚一编著《中国壳斗科树木害虫》由云南科技出版社出版。《中国壳斗科树木害虫》是曹诚一教授在多年从事教学、科研的基础上，广泛收集有关资料编写而成的。该书按昆虫分类系统列出危害壳斗科树木的害虫，涉及 7 目、

68 科、387 属、581 种，对每一种害虫的分布地区、被害树种以及重要害虫的防治方法等均作了介绍。

3 月，曹诚一《云南瓢虫科昆虫名录补遗（二）》刊于《西南林学院学报》1989 年第 1 期 68 ～ 69 页。

5 月，曹诚一《长崎齿瓢虫属 Afissula Kapur1955 种类及地理分布的研究》刊于《西南林学院学报》1989 年第 2 期 162 ～ 167 页。

8 月，金善宝主编《中国现代农学家传第 2 卷》出版，356 ～ 364 页有《曹诚一 昆虫学家》。

12 月，曹诚一题词：祝贺云南高等林业教育创建五十周年 根深叶茂 源远流长。

• 1990 年

2 月，西南林学院编著、曹诚一主编《云南省瓢虫志》由云南科技出版社出版，该专著获 1993 年林业部科技进步三等奖，1994 年获滇版图书二等奖。

5 月，曹诚一《云南食植瓢虫族 Epilachnini 的分类与分布》刊于《西南林学院学报》1990 年第 2 期 192 ～ 202 页。

5 月，曹诚一题词：弘扬五四爱国主义精神 走与工农相结合的道路。

5 月 17 日，林业部人事劳动司文件 [林人直（1990）96 号]《关于批准曹诚一、江缵高同志离休后享受司局级待遇的通知》。

9 月，中国林业人名词典编辑委员会《中国林业人名词典》（中国林业出版社）曹诚一[10]：曹诚一（1916—），昆虫学家。湖南长沙人。1935 年就读武汉大学生物系，1940 年毕业于中央大学农艺系。1937 在鄂豫皖边区参加青年训练班，1938 年加入中国共产党。曾任云南大学讲师。建国后，历任云南大学副教授，昆明农林学院副教授，云南林学院（1983 年改称西南林学院）副教授、教授、林学系主任。是中国农学会第一届理事，中国植物保护学会第一、二届理事，云南省昆虫学会名誉理事长，云南植物保护学会副理事长。1960 年被评为出席全国文教群英会的先进工作者。1985 年和 1986 年被评为云南省高等院校优秀教师。从事森林昆虫学的教学和研究。发表有《瓢虫科中国新记录种、《瓢虫科中国新

[10] 中国林业人名词典编辑委员会．中国林业人名词典 [M]. 北京：中国林业出版社，1990，285.

记录种》，与他人合撰发表有《云南瓢虫科昆虫名录》《云南瓢虫科新种记述》等论文。

• 1991 年

2 月 22 日，《中国林业报》第 3 版刊登《光荣榜》：西南林学院任玮、徐永椿、曹诚一、薛纪如为国家教委荣誉证书获得者，标志西南林学院“四大名师”正式形成。

3 月，王红、曹诚一《试论生物系统学中的分支分析方法》刊于《西南林学院学报》1991 年第 1 期 105 ～ 110 页。

5 月，曹诚一《黄绣瓢虫 Coccinella luteopicta（Mulsant）的色斑类型和地理分布》刊于《西南林学院学报》1991 年第 2 期 214 ～ 217 页。同期，曹诚一《云南瓢虫科昆虫名录补遗（三）》刊于 218 ～ 220 页。

• 1992 年

2 月，西南林学院编著、曹诚一主编《云南省瓢虫志》由云南科技出版社出版。《云南省瓢虫志》获 1993 年林业部科技进步三等奖。

3 月，武春生、曹诚一、杨光《云南油杉的害虫种类及其治理》刊于《西南林学院学报》1992 年第 1 期 70 ～ 76 页。

4 月，曹诚一、王红《云南长崎齿瓢虫一新种（鞘翅目：瓢虫科）》刊于《昆虫分类学报》1992 年第 1 期 66 ～ 68 页。

4 月，曹诚一《小崎齿瓢虫属 Afidentula Kapur1955 的种类及地理分布》刊于《西南林学院学报》1992 年第 2 期 174 ～ 179 页。

9 月，王红、曹诚一《小崎齿瓢虫属一新种（鞘翅目：瓢虫科）》刊于《昆虫分类学报》1992 年第 3 期 203 ～ 205 页。

是年，西南林学院曹诚一、薛纪如获国务院政府特殊津贴。

• 1993 年

1 月 10 日，西南林学院森保系曹诚一、潘涌智、王红、李楠完成的科技成果《云南瓢虫科昆虫资源分布及其利用》通过云南省科委组织的成果鉴定。该成果经过 10 余年研究，主要是摸清云南省瓢虫科昆虫生物资源，为生产实践提供科学依据。瓢虫科的两大类群，其一是捕食性瓢虫，它们是蚜虫类、蚧类、螨类的重要天敌；另一类是食植瓢虫，其中有些种类为害茄科和葫芦科作物，也有一些种类专食杂草，掌握这些生物资源的分布和习性，就可以利用相应种类的瓢虫进行害虫和杂草的生物防治，《云南瓢虫科昆虫资源分布及其利用》课题，对云南瓢虫科昆虫做了长期深入的研究：共记载云南瓢虫7个亚科、48属、195种。其中包括新种20个和新记录50余种。这一成果为今后云南省研究和应用这一资源奠定了坚实基础，为全国瓢虫科昆虫研究增加了丰富的内容，也为今后国际间天敌资源的交流或国内移植，提供了可靠依据。瓢虫科昆虫在生态平衡及生物防治中的重要性，已愈为世界各国所重视。研究对云南省瓢虫科昆虫资源进行了系统的研究，揭示了云南瓢虫科昆虫的复杂性，并丰富了国内外瓢虫科昆虫的物种多样性。此项工作不仅在云南省有意义，而且在中国甚至世界瓢虫区系研究上也很有价值，在科学上是一大贡献。

3月，曹诚一《壳斗科树木害虫摘录》刊于《西南林学院学报》1993年第1期42～46页。《西南林学院学报》1988年第2期228～229页报道中国壳斗科树木害虫共7目、68科、387属、581种。对每一种害虫的分布地区、被害树种以及重要害虫的防治方法等均作介绍。以后继续补充各方面的报道和订正，迄今摘录壳斗科树木害虫22种，共计603种。

4月，曹诚一、杨本立《云南农林昆虫地理区划》刊于《云南农业大学学报》1993年第1期5～11页。

5月，王红、曹诚一《云南食植瓢虫族雌性外生殖器特征及其分类意义》刊于《西南林学院学报》1993年第2期116～121页。

6月，王红、曹诚一《云南食植瓢虫族昆虫新分布》刊于《西南林学院学报》1993年第3期第199页。

6月15日，为鼓励西南林学院学生勤奋学习，为中国的林业现代化建设作出贡献，根据徐永椿和曹诚一提议，将他们捐赠的2万元设立“徐永椿、曹诚一”奖学金。

7月，王红、曹诚一《云南食植瓢虫族的系统位置及属间关系》刊于《动物学研究》1993年第2期118～128页。

7月，曹诚一、杨本立《云南农林昆虫地理区划（续）》刊于《云南农业大学学报》1993年第2期105～110页。

11 月 24 日，华立中回信曹诚一：您寄来巨著（List of Chinese Insects）收到并拜读。您自 1986 年起开始此项巨大工程，传之后人，功德无量！至可钦佩！

11 月 25 ~ 29 日，由中国菌物学会虫生真菌专业委员会主办的第四届全国虫生真菌学术讨论会在昆明召开，来自全国 14 个省、市的科研、教学、生产及业务管理部门的 67 名代表出席会议。云南省林学会常务理事长孙石到会发表了贺词，中国菌物学会副理事长、虫生真菌专业委员会主任李增智教授致开幕词并传达了中国菌物学会成立大会概况。会议期间，有 21 位专家与学者先后作了大会学术报告。

12 月，曹诚一把丈夫徐永椿 30 余年的诗作整理成册刊印，取名《心声集》并分发给亲友同事，同时作《思念》一诗，表达在金婚之年失去老伴的无限悲苦和至真至情：五十年来一旦孤，席茵文字两模糊。诚知此恨早迟至，同心共名魂飞苦。

• 1994 年

3 月，曹诚一《小崎齿瓢虫属 Afidentula Kapur 1955 的分类与地理分布》刊于《云南农业大学学报》1994 年第 9 卷第 1 期 11 ~ 17 页。

10 月，曹诚一《小崎齿瓢虫属的分类与地理分布（鞘翅目：瓢虫科）》刊于中国昆虫学会编《中国昆虫学会成立五十周年纪念暨学术讨论会论文摘要集》第 49 页。

11 月，西南林学院编著、曹诚一主编《云南省瓢虫志》获 1992 年、1993 年西南西北地区优秀科技图书二等奖。

• 1995 年

1 月 31 日，《中国林业报》第 3 版刊登《老树青柯志不休——记西南林学院教授曹诚一》一文。文中称：在中国林业艰辛坎坷的创业史上，记载着一位杰出的女性，她以丰硕的成果，卓越的科学建树彪炳于世；她以坚韧的意志，不倦的追求与中国林业同呼吸、共命运，历经半个多世纪的风风雨雨。她就是优秀教育家、昆虫学家曹诚一教授。

2 月 17 日，曹诚一去世。曹诚一，女。昆虫学家。湖南长沙人。1938 年加入中国共产党。1940年毕业于中央大学农艺系。曾任中央农业实验所技师、云南大学讲师。建国后，历任云南大学、昆明农林学院副教授，云南林学院、西南林学院教授，中国农学会第一届理事，中国植物保护学会第一、二届理事，云南植物保护学会第一、二届副理事长。1960年出席全国文教群英会。从事昆虫学的教学与研究，擅长于瓢虫科，命名新种有21个，发表新记录56个，1992年出版《云南瓢虫志》专著，获1993年林业部科技进步三等奖，1994年滇版图书二等奖。合撰有《异色瓢虫色斑类型在云南的地理变异》等论文，其中《云南瓢虫科昆虫名录》记载云南瓢虫七亚科、四十六属、一百六十八种。撰有《双齿长蠹——中国新纪录》等论文，编著有《中国壳斗科树木虫害》。徐永椿、曹诚一育有三子徐明远、徐声远、徐光远。

• 2017年

4月，云南省科技厅科技宣传教育中心、云南省老科技工作者协会编《云南省杰出科技专家传略》由云南科技出版社出版。云南农业大学分会有张海秋、诸宝楚、蔡克华、徐天骝、段永嘉、瞿明宙、咎维廉、肖常斐8位专家入选，云南大学分会有熊庆来、卫念祖、张其濬、王树勋、赵雁来、曲仲湘、朱彦丞7位专家入选，西南林业大学分会有徐永椿、薛纪如、任玮、曹诚一、杨元昌、吴铱6位专家入选。《丹心图报国 热血洒南疆——著名林业教育家昆虫学家曹诚一》由徐声远、和世钧撰写。

• 2018年

11月，西南林业大学“四大名师”——徐永椿、任玮、曹诚一、薛纪如雕像在西南林业大学校园内落成。

11月21日，《中国绿色时报》第3版刊登《树木树人 至真至善——纪念西南林业大学办学80周年暨建校60周年》一文，文中称：“四大名师”是西林特色文化的生动诠释者。中国现代林业教育家、树木学家徐永椿（1910～1993年）倾其一生心血，累积标本10万件，相继撰述《云南壳斗科的分类与分布》《云南植物志》《西藏植物志》，发表壳斗科新种20余个、新组合50余个、种的新分布记录10余个，对我国壳斗科研究做了很多订正补充工作，主编的《云南树木图志》荣获第二届中国林学会梁希奖。中国现代林业教育家、森林病理学家任

玮（1918～1993年）勇于开拓、精心育人，苦心经营森林病害标本和真菌标本6000多份，抱病主持编写《云南森林病害》专业巨著，列出云南常见林木病害名录和常见立木腐朽菌名录。著名林业教育家、昆虫学家曹诚一（1916～1995年），毕生从事昆虫教研，代表作《云南的烟潜叶蛾及其近似种烟草瘿蛾》曾列入国家级研究成果，参加编写的《中国农业百科全书·林业卷》荣获第六届全国科技图书一等奖，命名瓢虫科新种21个，发表新种记录56个，出版《云南瓢虫志》，科研成果达到国际水平。著名林业教育家、植物学家和竹类专家薛纪如（1921～1999年）桃李满天下，采得完整“活化石”水杉标本（现存美国哈佛大学标本馆），与有关学者共同发布香竹属、筇竹属等3个新属，空竹属、泰竹属和长穗属等6个属在中国的新分布，以及竹亚科数十个新种，证明云南竹类有220余种，发布裸子植物2个新种和变种，主编《云南森林》《云南竹类资源及其开发利用》《高黎贡山国家自然保护区》等专著。

薛纪如年谱

（薛纪如自西南林业大学）

• 1921 年（民国十年）

是年，薛纪如（Hsueh Chi Ju，C.J.Hsueh，Xue Jiru，Xue J.R.）出生于河北省临城县一知识分子家庭，父亲薛培基，母亲马希文。其长兄薛培元，字燮之，曾用名李元，1894 年 5 月生，我国著名的农学家、胶体化学家、农业教育家、水利史专家，中国最早留学美国攻读胶体化学的学者。薛培元于 1911 年考入直隶省高等师范学校教育系，并在辛亥革命期间参加中国同盟会。1916～1920 年赴日本就读于西京帝国大学物理系；1920 年由日本转赴美国在芝加哥大学研究院、伊利诺大学研究院攻读胶体化学，1923 年学成回国先后被聘为国立北京农业大学教授和北京女子高等师范学校教授兼教务长；1924 年出任河北大学农科校长；1926 年再次被聘为国立北京农业大学教授兼国立北京大学教授；1931 年河北大学农科独立为河北省立农学院，薛培元出任第一任院长。1935 年被聘为国立中央大学教授兼农业部专门委员及农科研究所所长。1946 年 7 月薛培元再任河北省立农学院院长至 1948 年。1949 年北京农业大学成立后，薛培元先后担任农业化学系和土壤农化系教授，1970 年 9 月病逝于北京，享年 76 岁。

• 1935 年（民国二十四年）

是年夏，薛纪如在保定育德中学初一、初二学习，至 1937 年夏。保定私立育德中学前身为光绪 32 年（1906 年）3 月 15 日在保定西关讷公祠成立的直隶公立高等小学堂。光绪 33 年（1907 年）11 月 28 日，蠡县人陈幼云联络 13 名同盟会员改直隶公立高等小学堂为保定育德中学，陈幼云任监督。

• 1937 年（民国二十六年）

是年夏，薛纪如在河南郾城育德中学郾城分校初三学习，至 1938 年 3 月。1937 年七七芦沟桥事变后，抗战全面爆发，河北沦陷，大批学校内迁，育德中学最终迁至内乡县西峡口，为了躲避战争育德中学校长郝濯率师生一部先后迁校至河南郾城，改名为河南郾城育德中学郾城分校。

• 1938 年（民国二十七年）

3 月，薛纪如在河南内乡西峡口国立第一中学第一分校读高一至高三，1941 年夏高中毕业。1938 年再迁内乡县西峡口，名为国立河南内乡西峡口国立第一

中学第一分校。

• 1941 年（民国三十年）

是年夏，薛纪如从河南内乡西峡口国立第一中学第一分校考取中央大学生物系，因对植物的偏爱，二年级时即转入农学院森林系。

• 1945 年（民国三十四年）

7 月，薛纪如中央大学农学院森林学系毕业并获农学士学位（大字第 77673 号），同时，考取中央大学研究生部，在导师郑万钧教授指导下从事裸子植物方面的研究。

• 1946 年（民国三十五年）

2 月和 5 月，中央大学森林系技术员薛纪如，两次前往四川万县磨刀溪采得有叶、花和幼果的水杉完整标本，为胡先骕、郑万钧最后确定水杉新种提供了标本证据。

• 1947 年（民国三十六年）

11 月，薛纪如《中国唯一之巨树——水杉》刊于《科学世界》1947 年第 16 卷第 11 期 339 ~ 340 页。

• 1948 年（民国三十七年）

5 月，胡先骕和郑万钧联名在静生生物调查所《汇报（新编）》第 1 卷第 2 期中发表《水杉新科及生存之水杉新种》一文，确定学名为（*Metasequoia glyptostroboides* Hu & Cheng），明确了水杉在植物进化系统中的重要位置，得到国内外植物学、树木学和古生物学界的关注、重视和高度评价。

是年，薛纪如从中央大学森林系毕业获硕士学位，应邀到福建研究院动植物研究所跟何景教授工作。同年冬，应云南大学农学院院长张福延之邀，到云南大学森林系执教。

• 1949 年

是年，薛纪如参加第一届农业考察团前往滇西考察农业生产情况和发展方案。

• 1950 年

是年，薛纪如应邀参加中央民族访问团到元江、思茅、西双版纳和阿瓦山一带慰问并负责经济林木调查。

10 月 17 日，国立昆明师范学院临时院务委员会第三次会议决定，聘任薛纪如为博物系兼任讲师。

• 1951 年

是年，薛纪如参加中央访问团到思茅、勐海，第一次在云南采到龙脑香和野生稻标本。

是年，薛纪如根据三次实地考察取得了大量的第一手资料，撰写了思茅普区茶叶、紫胶、樟脑和橡胶等多篇专题报告，后来收录在《中国少数民族社会历史调查资料》中，该资料由云南省历史研究所民族研究室作为内部资料刊印。

是年，薛纪如长子薛嘉榕出生。

• 1954 年

6 月，薛纪如在安徽省九华山采集植物标本。

是年，薛纪如加入中国民主同盟。

• 1955 年

3 月，中国科学院与苏联科学院合作，由两国知名科学家和科技工作者共同组建科学考察队，对云南的紫胶产区和紫胶资源进行综合考察。中苏联合组建的云南生物考察队中方队长为中国科学院刘崇乐教授，副队长吴征镒、蔡希陶和赵星三副所长；苏方队长为苏联科学院通讯院士波波夫教授、副队长费德罗夫教授。中国科学院昆虫研究所的廖定熹、欧炳荣，中国科学院植物研究所的朱太平，中国科学院植物研究所昆明工作站的毛品一、李锡文，云南大学的任玮、罗光心、薛纪如，西南农学院的黄天荣，云南省林业厅的资云祯，云南省农业厅的杨星池等人参加考察。

• 1956 年

1 月，薛纪如《松属球果的簇生现象——性变》刊于《云南大学学报》1956

年第 1 期 113 ～ 119 页。

是年，中苏生物考察团在云南大规模采集调查，中苏生物考察团成立两个先遣调查组，薛纪如负责其中一组，足迹遍及滇南滇西各地，除采得大量标本外，对紫胶的寄主植物和其生产进行深入调查，为云南紫胶事业的发展奠定基础。

是年夏，薛纪如带云南大学农学院林学系学生到玉龙雪山进行森林学实习。

• 1957 年

12 月，薛纪如《云南玉龙山云南松林型的初步鉴定》刊于《云南大学学报》1957 年第 4 期 145 ～ 163 页。

• 1958 年

5 月，耿伯介、薛纪如、邬文祥、苏宋旺《对“中国主要植物图说（豆科）”一书的意见》刊于《植物分类学报》1958 年第 7 卷第 2 期 197−199 页。

是年，薛纪如任昆明农林学院副教授。

是年，薛纪如次女薛嘉慈出生。

• 1959 年

9 月，黄维炎、薛纪如等编《森林学》由华南西南区林学院校教材编审委员会刊印。

• 1960 年

1 月，诸宝楚、徐永椿、瞿明宙、唐毅吾、徐天骝、罗光心、薛纪如在云南省政协第二届委员会第二次会议发表《关于高等学校培养师资的几点意见》。

是年，由徐永椿、薛纪如完成《云南江边地区森林群落的初步观察》刊于《一九六〇年云南林业科学研究报告》1960 年 1 ～ 17 页。

是年，薛纪如夫人、昆明医学院教师朱琼钟去世，去世时正值薛纪如外地进行植物调查。薛纪如、朱琼钟育有薛嘉榕一子，薛嘉萍、薛嘉慈两女。

• 1967 年

是年，昆明农林学院编印《薛纪如反动言论》小册子。

• 1974年

是年，中国林业科学院主持的南方12省优良速生珍贵用材树种调查项目启动，其中云南课题组由张懋嵩任组长。1975年，张懋嵩在当地林业站工作人员的介绍指引下，于勐腊县补蚌村发现望天树，当时参加野外调查的包括云南林学院薛纪如教授、3名实习生和省林科所3名科技人员共8人。他们伐倒一棵林木，进行解析木测定，并做3处林分调查。通过内业研究，张懋嵩先生执笔撰写《云南发现稀有珍贵树种——望天树》论文，发表于《植物分类学报》，确定望天树为龙脑香科柳桉属一个新种，也由此而确定云南存在着亚洲热带雨林的典型类型龙脑香林。

• 1975年

10月，《稀有珍贵树种——望天树 (*Parashorea cathayensis* sp.nov.) 初步调查报告》刊于《云南林业科技通讯》1975年第3期21 ~ 31页。

是年，由云南林学院、云南省林科院薛纪如、张懋松、王达明、杨永康、彭鉴完成《稀有珍贵树种——望天树的调查及鉴定》成果。望天树系1975年由云南林学院薛纪如教授主持和带领该院部分师生并有省林科所四位同志参加，于西双版纳进行热区优良珍贵树种调查时所发现。经鉴定证实望天树为龙脑香科柳安属一新种。该属在中国也是新记录属。望天树的发现进一步证实滇南地区植物区系的热带性和丰富性。现场调查中对望天树的分布、生长、群落结构和材性都做了初步研究，证明它干材高大、通直、材质优良，是一个经济价值较高的树种。望天树天然分布于勐腊县局部地区，由于邻近橡胶垦区发现前已受到毁灭性威胁，现规划为自然保护区并成为版纳地区主要森林旅游点，此外，望天树也成为热区的重要造林树种。以望天树为主的自然保护区也是人们喜往的旅游点，那里向人们展示着动人的热带风光和丰富多彩的物种多样性，由此可见望天树的发现、调查研究、保护区与旅游点的建立已充分显示出其社会效益、生态效益和它本身的科学意义。

• 1977年

11月，望天树协作组《云南发现稀有珍贵树种——望天树》刊于《植物分类学报》1977年第15卷第2期10 ~ 21页。

• 1978 年

是年，薛纪如教授发表的三个新属作为重大的理论研究成果获得 1978 年云南省科技进步二等奖。

• 1979 年

4 月，薛纪如、董世仁、印嘉祐、洪淑德《紫茎泽兰的适应性能危害情况及防除措施》刊于《云南植物研究》1979 年第 1 期 106 ~ 114 页。

7 月，薛纪如和易同培建立香竹属（Chimonocalamus Hsueh et Yi），薛纪如、易同培《我国竹类植物二新属：香竹属和筇竹属（一）香竹属》刊于《云南植物研究》1979 年第 1 卷第 2 期 74 ~ 93 页。

12 月 24 ~ 31 日，云南省政协第四届云南省委员会第二次全体会议在昆明艺术剧院举行，增补薛纪如为委员。

是年，美国竹子学会（the American Bamboo Society——ABS）由 Richard Haubrich 组织成立。

是年，由云南林学院薛纪如、易同培完成成果《我国西南地区竹类二新属（香竹属筛竹属）和我国竹类属的新分布》，该成果完成时间为 1965.2.1 ~ 1979.12.1，获 1981 年云南省人民政府二等奖。该成果在长明竹类研究过程中先后采集、鉴定和正式发表香竹属和筇竹属两个新属并得到国内外有关专家承认和引用。与此同时还发现和鉴定出 6 个属（泰竹属、泡竹属、李海竹属、空竹属、长穗竹属、梨藤竹属）为中国的新记录，肯定中国竹种资源居世界首位而西南地区尤为丰富。筇竹和香竹都是著名的笋用竹种和观赏竹种。前者节部膨大，普遍用以制作“手杖”和竹制工艺品，香竹秆腔内含有芳香油也有特殊经济价值。筇竹天然分布于滇东北以及毗邻的四川境内，当地群众主要靠打笋和制作手杖增加经济收入，此外筇竹在水土保持上也发挥着一定作用。香竹分布于滇南和滇西南山区，杆状耐腐且含有芳香油类亦有很高的开发利用价值。

• 1980 年

2 月 21 ~ 25 日，云南省召开第六次盟员代表大会，选举薛纪如为民盟云南省第六届委员会候补委员。

4 月，薛纪如和易同培建立筇竹属（Qiongzhuea Hsueh et Yi）。薛纪如、易同培《我国竹类植物二新属：香竹属和筇竹属（二）筇竹属》刊于《云南植物研究》1980 年第 2 卷第 1 期 91 ~ 99 页。

是年，薛纪如、于汝元编著《西南森林的采伐更新》由北京林学院刊印，共 219 页。

• 1981 年

3 月，刘志学、安里宁、王仕安、唐建文、薛纪如《巴山木竹的林学特性》刊于《西南林学院学报》1981 年第 1 期 24 ~ 33 页。

3 月，《云南植物研究》增补肖常斐、赵树年、裴盛基、薛纪如为编委。

3 月 16 日，云南省人民政府云政发（1981）52 号文《关于授予李埏等七同志教授职称的通知》，批准曹诚一、薛纪如二同志为云南林学院教授，并招收硕士研究生导师。

7 月，薛纪如、火树华《我国油杉一新种——旱地油杉（A new species of Keteleeria from China——*K.xerophila*）》刊于《云南植物研究》1981 年第 3 卷第 2 期 249 ~ 251 页。火树华，女，上海市人，1931 年生，1953 年 7 月毕业于北京林学院林业系并留校从事教学和科研工作，1953 年 12 月加入中国共产党，1957 年师从南京林业学院郑万钧教授为副博士研究生，返校后历任北京林业大学（原北京林学院）林业系森林植物学讲师、副教授和教授；中国林学会树木学专业委员会常务委员、中国植物学会分类委员会成员，1992 年 10 月退休。2002 年 10 月 7 日去世。

9 月 23 日，林业部批准云南林学院学位评定委员会，主席徐永椿，副主席任玮、薛纪如，委员徐永椿、任玮、薛纪如、严达夫、曹诚一、吴铱、赵从礼、王春林、刘亚翠、江缵高、聂振民。

11 月 3 日，国务院批准首批博士学位授予单位 151 个，学科、专业点 812 个，指导教师 1155 人；硕士学位授予单位 358 个，学科、专业点 3185 个。其中北京林学院、东北林学院、南京林产工业学院、云南林学院、华南农学院、中国林业科学研究院等单位的森林保护学科被国务院学位委员会批准为硕士学位授权点。

是年，薛纪如《中国竹亚科两个属的新纪录》刊于《热带植物研究》1981 年第 17 期 1 ~ 10 页。

是年，云南林学院薛纪如、四川林业学校易同培等完成的《我国西南地区竹

类二新属和我国竹类的新分布》荣获 1981 年云南省科研成果二等奖。

• 1982 年

3 月，薛纪如、易同培《四川方竹属的研究》刊于《西南林学院学报》1982 年第 1 期 31 ~ 42 页。薛纪如、易同培《四川慈竹属新植物》刊于《云南林学院学报》1982 年第 1 期 68 ~ 73 页。

7 月，薛纪如与耿伯介建立铁竹属（Ferrocalamus，Hsueh & P.C.Keng）。耿伯介、薛纪如《铁竹属——我国竹类一新属》刊于《竹子研究汇刊》1982 年第 1 卷第 2 期 1 ~ 5 页。

9 月，成立民盟云南林学院支部，主委徐永椿，副主委薛纪如。

12 月，薛纪如、李忻章《新发现的“蓑衣油杉”（The newly discovered *Keteleeria evelyniana* var. *tendula*）》刊于《大自然》1982 年第 4 期 26 页。

• 1983 年

2 月，薛纪如、易同培《竹类二新种（Two new species of bamboos from China）》刊于《植物分类学报》1983 年 21 卷第 1 期 94 ~ 99 页。

4 月，薛纪如、易同培《竹亚科四新种》刊于《云南植物研究》1983 年第 5 卷第 1 期 39 ~ 47 页。

4 月 22 ~ 30 日，政协云南省第五届委员会举行，薛纪如当选为政协云南省第五届委员会委员。

6 月，薛纪如、孙吉良《中国竹亚科两个属的新记录》刊于《竹类研究》1983 年第 2 卷 2 期 41 ~ 49 页。

8 月，薛纪如《云南油杉一新变种（A new variety of *Keteleeria evelyniana*）》刊于《植物分类学报》1983 年 21 卷第 3 期第 253 页。

9 月，李德铢从江西农业大学林学系毕业，考取西南林学院硕士生，师从薛纪如教授。

10 月，薛纪如、黄文秋《挖笋好，还是砍竹好？》刊于《大自然》1983 年第 3 期。

10 月 26 日，薛纪如主持由中国林业科学研究院热带林业研究所、广东省高州市伦道藤场许煌灿、钟惠甫、符史深完成的《藤类栽培技术的研究》成果鉴定会。

12 月，薛纪如《青山常在师道永垂——忆梁老二三事》刊于《梁希纪念集》编辑组《梁希纪念集》1983 年 112 ~ 114 页。

是年，西南林学院成立森林植物研究室，薛纪如任室主任。

是年，孙茂盛跟随薛纪如教授学习竹类植物分类与培育，作为薛纪如的助手。

• 1984 年

4 月，薛纪如、易同培《刺竹属一新种（A new species of Bambusa from China）》刊于《竹子研究汇刊》1984 年第 3 卷第 1 期 43 ~ 46 页。

5 月，薛纪如为西南林学院林业系八〇级（80 级）林业专业 2 班毕业册题词：我院第一届同学结业在即，喜感林业战线后继有人，特书怀以兹留念。江山披绿装，结业奔沙荒。老夫鬓斑独奋战，更喜新人营林忙，共欢畅。薛纪如 一九八四年五月十八日。

12 月 6 ~ 9 日，民盟云南省第七次盟员代表大会召开，选举薛纪如为民盟云南省第七届委员会委员。1984 年夏，四川卧龙熊猫自然保护区内竹子开花大面积死亡，熊猫地主要食物面临枯竭而危及大熊猫的生存时，薛纪如提出《抢救大熊猫的几点对策和建议》《拯救三江口自然保护区》等提案都是与社会经济的发展息息相关，因而引起社会的重视。

是年，薛纪如完成《云南竹林》，共 86 页。

是年，美国哈佛大学树木园主任 Peter S.Ashton 来华访问，特地邀请薛纪如撰写一篇当年采集水杉的纪要，刊登在 1985 年《阿诺得树木园杂志》上。

• 1985 年

1 月，薛纪如、易同培《悬竹属整理》刊于《教学与科研》1985 年第 1 期 1 ~ 7 页。

2 月 26 日，国务院学位委员会在北京召开第六次会议，会议审议通过国务院学位委员会第二届学科评议组成员名单。第二届学科组成员共 644 人，学科评议分组由第一届的 48 个增加到 53 个，薛纪如任农学评议组成员。

3 月，薛纪如《云南的观赏竹类》刊于《西南林学院学报》1985 年第 1 期 99 ~ 101 页。

6月，薛纪如、易同培《香竹属一新种（A new species of Chimonocalamus from China）》刊于《植物分类学报》1985年第23卷第3期236～237页。

7月，薛纪如、易同培《悬竹属新分类群》刊于《竹子研究汇刊》1985年第4期第2卷1～8页。易同培教授，重庆丰都人，1932年12月4日生，1957年7月云南大学林学系森林经营专业毕业，1957.10～1958.7春在四川灌县林业学校工作，1958.8～1961.7在四川雅安林校工作，1961.8～1998.12在四川省林业学校工作，1988年任四川省林业学校研究员，1994年8～10月赴日本千叶博物馆做访问学者，1998年12月退休，2012.12～2016.4受聘兼职中国林业科学研究院西南花卉研究开发中心工作。2016年9月27日逝世，享年83岁。易同培教授长期从事竹类教学、科研和社会服务工作；先后发现竹子新属5个、新种250多个；独著、合著《中国植物志（9卷1分册）》《中国竹类图志》《四川植物志》等13部专著，发表学术论文160余篇；曾获省、部级科技进步二等奖2项，三等奖5项，获梁希林业科学技术奖1次；曾担任四川省第二届科技顾问团成员，四川省第一届竹业协会副理事长，中国林学会树木学分会理事，四川林学会竹类专业委员会副主任委员，美国竹子协会和日本竹子协会的外籍会员，国际竹类栽培品种登录委员会副主任，《竹子研究汇刊》《竹子研究》和《四川植物志》编委等。

7月18日，薛纪如主持由中国林业科学研究院资源昆虫研究所、四川省林科院、贵州省林科院、遵义市第二化工厂的夏定久、袁佩华、徐春贵、洪世俊、河剑中、李绍家完成的《五倍子国家标准》鉴定会。

9月10日，薛纪如获林业部颁发从事林业教育40年荣誉证书。

9月，杨宇明考取西南林学院森林植物专业硕士研究生，师从薛纪如教授，对竹子进行专门研究。

是年，Hsueh C.J.《Reminiscences of collecting the type specimens of *Metasequoia glyptostroboides* H.H.Hu & W. C. Cheng》刊于《Arnoldia》（Arnold Arboretum, Harvard University）1985年第45卷第4期10～18页。

是年，西南林学院将薛纪如之子薛嘉榕调到学校，跟随薛纪如从事竹子研究。

• 1986年

3月由薛纪如、姜汉侨教授主编《云南森林》由云南科技出版社出版。第一次较为系统地记载云南竹林类型及其分布和林分结构特点，将云南竹林分为寒温性竹林、暖性竹林和热性竹林三个森林植被亚型并记载 11 种类型。

4 月，薛纪如、章伟平《云南产筹竹属一新种（A new species of genus *Schizostachyum* from Yunnan）》刊于《竹子研究汇刊》1986 年第 5 卷第 1 期 77 ～ 79 页。

4 月，薛纪如《西南地区竹林资源》刊于《竹类研究》1986 年第 1 期 36 ～ 39 页。

5 月，薛纪如、吕培炎《建立山区生态村之浅见》刊于《云南林业》1986 年第 5 期第 1 页。

5 月，罗天诰、李文政、伍聚奎、薛纪如《思茅松林木分化及抚育间伐的初步探讨》刊于《林业科学》1986 年第 2 期 186 ～ 190 页。

7 月，薛纪如硕士生李德铢分配到西南林学院工作。

10 月 19 日，薛纪如、陈大珂担任由林业部科技司组织的，由南京林业大学、高邮县多管局、宝应县多管局、江都县绿化委员会完成的《里下河地区人工林复合经营体系研究》鉴定技术负责人。

12 月，薛纪如主持由南京林业大学周芳纯、易世墓、毛高喜、楼崇、刘继平、唐曼青、闫冀豫、曹福亮、陈恩贵完成的《毛竹林丰产结构理论和技术的研究》成果鉴定会。

• 1987 年

7 月，薛纪如、李德铢《川滇竹亚科新分类群——兼论有关属的概念》刊于《竹子研究汇刊》1987 年第 6 卷第 2 期 8 ～ 23 页。

10 月 31 日，由林业部西南林学院、云南省林业调查规划设计院薛纪如、杨宇明、陆洪灿、张瑞身完成的《黄竹秆形、秆重结构的研究及计量数表的研制》通过林业部西南林学院学术委员会组织的成果鉴定，该成果获 1987 年云南省人民政府科技进步三等奖。该成果是在国内首次对天然竹林的个体、群体进行数量指标的研究，填补了林业调查规划中的一项空白，尤其对大型天然丛生竹林的数量化研究，不仅在国内第一次应用数量化理论对竹林立地质量进行了综合评价，实现了黄竹调查规划和生产经营用表的系列化，已经直接为竹资源调查规划和生产经营提供了科学依据，为测算竹林（材）提供了计量标准，也为合理采伐及利用提出了科学论证。本项工作还对黄竹的个体形态和生物学特性进行了比较仔细

的研究，纠正了长期以来把黄竹误认为牡竹在分类学上的错误鉴定，并首次报导了国内有大面积黄竹天然林分布。本成果在生产中发挥了较明显的社会和经济效益，填补了一项国内空白，在国内具有先进水平。成果完成后提供云南省林业调查规划院先后在全省森林资源“四五”清查，1980 年全省森林资源连续清查，1983 年全省自然保护区调查规划，1985 年全省森林资源二类调查等大型森林调查规划中应用，推广应用面积达 157497 公顷，使用精度平均达 93.7%，提高工效 2 ~ 4 倍，节约了大量人力、物力、财力，产生了明显的经济和社会效益。

是年，云南省林学会竹业委员会成立，云南省副省长李铮友教授亲自前往远在温泉的西南林学院参加会议，并对云南竹类资源开发研究工作给予了充分肯定和支持。

• 1988 年

是年春,《云南植物研究》第二届编委会成立。吴征镒任主编，周俊任副主编，冯国楣、冯耀宗、曲仲湘、朱维明、许再富、孙汉董、李恒、李锡文、杨崇仁、肖常斐、张敖罗、陈宗莲、赵树年、胡忠、段金玉、姜汉侨、徐永椿、唐耀、黄冠鋆、裴盛基、薛纪如、臧穆为编委，黄冠鋆为编辑部主任，岳远征、刘艾琴为编辑。

3 月，薛纪如、章伟平《中国方竹属新分类群（New taxa of Chimonobambusa Makino from China）》刊于《竹子研究汇刊》1988 年第 7 卷第 1 期 14 ~ 22 页。

4 月，李德铢、薛纪如《中国箣竹属植物志资料》刊于《云南植物研究》1988 年 第 1 期 49 ~ 55 页。

5 月 23 ~ 27 日，民盟云南省第八次盟员代表大会召开，选举薛纪如民盟云南省第八届委员会委员。

4 月 28 日 ~ 5 月 7 日，政协云南省第六届委员会举行，薛纪如当选为政协云南省第六届委员会委员。

9 月，薛纪如、章伟平《中国方竹属的系统研究（A study on Chimonobambusa Makino in China）》刊于《竹类研究》1988 年第 7 卷第 3 期 1 ~ 14 页。

9 月，李德铢、薛纪如《中国牡竹属研究之一（A Study on the Genus *Dendrocalamus* Nees from China（I））》刊于《竹子研究汇刊》1988 年第 7 卷第 3

期 1 ～ 19 页。

12 月，李德铢、薛纪如《中国牡竹属研究之二（A Study on the Genus *Dendrocalamus* Nees from China（II））》刊于《竹子研究汇刊》1988 年第 7 卷第 4 期 1 ～ 20 页。

12 月，《中国林业年鉴》（1987 年）刊登《全国高等林业院校、系教授、研究员名录》，西南林学院有森林植物学徐永椿、薛纪如，森林经理学曹宁湘，森林保护学任玮、吴钺、曹诚一（女），野生动物杨元昌，林业经济王春林 8 位。

• 1989 年

3 月，薛纪如、辉朝茂《论云南竹业现状及竹类资源开发利用战略》刊于《生态经济》1989 年第 1 期 45 ～ 48 页。

4 月，李德铢、薛纪如《中国牡竹属研究之三（A Study on the Genus *Dendrocalamus* Nees from China（Ⅲ））》刊于《竹子研究汇刊》1989 年第 8 卷第 1 期 25 ～ 43 页。

4 月，中国农业百科全书总编辑委员会林业卷编辑委员会《中国农业百科全书·林业卷（上）》由农业出版社出版。林业卷编辑委员会由梁昌武任顾问，吴中伦任主任，范福生、徐化成、栗元周任副主任，王战、王长富、方有清、关君蔚、阳含熙、李传道、李秉滔、吴博、吴中伦、沈熙环、张培杲、张仰渠、陈大珂、陈岳武、陈燕芬、邵力平、范济洲、范福生、林万涛、周重光、侯治溥、俞新妥、洪涛、栗元周、徐化成、徐永椿、徐纬英、徐燕千、黄中立、曹新孙、蒋有绪、裴克、熊文愈、薛纪如、穆焕文任委员。《中国农业百科全书·林业卷》竹类分支主编熊文愈，副主编薛纪如、林万涛。

9 月，薛纪如、杨宇明《云南竹类资源开发利用可行性报告》刊于《竹类研究》1989 年第 3 期 1 ～ 11 页。

12 月，杨宇明、薛纪如《香糯竹个体及林分结构规律的研究》刊于《竹子研究汇刊》1989 年第 4 期 41 ～ 57 页。

12 月，薛纪如、杨宇明《竹笋生产应成为我省的新兴产业》刊于《云南林业调查规划》1989 年第 4 期 14 ～ 16 页。

是年冬，薛纪如题词：云南林业高教五十周年 十年树木 百年树人 五十建系 叶茂根深 白发似霜 壮志犹存 展望未来 英才如林 己乙年冬 薛纪如。

是年，结合西南林学院竹类标本室建设，在纪念云南高等林业教育五十周年之际，薛纪如组织以“云南——竹类的故乡”为主题建成竹类科技展览室，成为人们认识云南竹类的一个窗口。

• 1990 年

12 月，薛纪如、杨宇明、王建皓《云南竹类资源及其开发利用》刊于《云南林业科技》1990 年第 4 期 9 ～ 19 页。

3 月，杨宇明、薛纪如《云南大围山地区天然竹林的初步研究》刊于《西南林学院学报》1990 年第 1 期 21 ～ 30 页。

6 月，王慷林、薛纪如《西双版纳勐宋竹类资源的民族植物学研究》刊于《竹类研究》1990 年第 2 期 32 ～ 40 页。

9 月，中国林业人名词典编辑委员会《中国林业人名词典》(中国林业出版社)薛纪如[11]：**薛纪如（1921—），河北临城人。1945 年毕业于中央大学森林系，1948 年毕业于中央大学研究生部，获硕士学位。历任云南大学副教授，昆明农林学院副教授，云南林学院（1983 年改称西南林学院）副教授、教授。1954 年加入中国民主同盟，是云南省第三、四、五届政协委员，国务院学位委员会第二届学科评议组成员。先后与他人共同发现命名竹类 3 个新属，52 个新种，1976 年在西双版纳与他人一起发现望天树，相继又发现和命名旱地油杉、衣油杉、龙拐竹等珍稀植物。发表有《中国唯一之巨树——水杉》，与易同培合撰《我国竹类植物二新属：香竹属和筇竹属》《四川方竹属的研究》等论文，主编《云南森林》。**

7 月，薛纪如《赤水桫椤自然保护区竹类植物资源》刊于 1990 年 7 月由贵州省环境保护局编、贵州民族出版社出版《赤水桫椤自然保护区科学考察集》175 ～ 183 页。

12 月，薛纪如、杨宇明、王建皓《云南竹类资源及开发利用》刊于《云南林业科技》1990 年第 4 期 9 ～ 19 页。

12 月，杨宇明、薛纪如《天然沙罗单竹群落的初步研究》刊于《竹类研究》1990 年第 9 卷第 2 期 21 ～ 31 页。

---

[11] 中国林业人名词典编辑委员会．中国林业人名词典 [M]. 北京：中国林业出版社，1990，332-333.

• 1991 年

2 月 22 日,《中国林业报》第 3 版刊登《光荣榜》: 西南林学院任玮、徐永椿、曹诚一、薛纪如为国家教委荣誉证书获得者，标志西南林学院“四大名师”正式形成。

6 月，西南林学院，云南省林业厅编著、徐永椿和薛纪如教授主编《云南树木图志（下）》由云南科技出版社出版，下卷的竹亚科由薛纪如负责，在李德铢、辉朝茂、杨宇明、杜凡、薛嘉榕及易同培教授的共同努力下，共收录具有开发价值的云南竹亚科植物 21 个属近 200 种，是云南竹类区系的第一次系统记载。

9 月 30 日 ~ 10 月 2 日，昭通地区政协工委经民革云南省委咨询服务处聘竹类专家、西南林学院教授薛纪如到彝良县牛街传授竹类快速育苗技术，薛纪如教授向牛街镇、村、社干部和科技骨干 80 余人课堂讲授慈竹栽培技术并现场示范教学 3 场。课后，牛街镇党委即着手落实竹林基地。薛纪如教授被县委聘请为科技顾问，彝良县还成立竹类资源开发领导组和办公室。

11 月，王慷林、薛纪如、岩坎拉《西双版纳傣族传统利用竹子的研究》刊于《竹子研究汇刊》1991 年第 4 期 1 ~ 11 页。

11 月19 日，薛纪如在他 70 岁生日之夜也是退休之时，召集他的学生李德铢、辉朝茂、章伟平、杨宇明、杜凡、薛嘉榕、冯梅等聚集在他的家中，再一次语重心长地提出：研究的目的在于生产和利用，自己一辈子从事竹子研究，最大遗憾就在于没有能够推动竹类资源的开发利用，把丰富的资源转变成山区发展和群众致富的经济优势，更进一步向大家提出转向应用研究和推动竹产业发展的希望。

11 月，薛纪如出席在泰国清迈举行的第 4 届国际竹子会议，在会上他介绍了云南丰富的竹类资源引起专家们的兴趣和重视，使云南竹类研究跨出国门与一些国家建立了密切联系。

12 月,《西双版纳藤类竹类资源的民族植物学研究》完成。该成果由昆明植物研究所、西南林学院于 1989.2 ~ 1991.12 完成，主要人员陈三阳、王慷林、裴盛基、薛纪如、许建初。首次应用民族植物学的原理和方法对西双版纳藤类、竹类资源及对少数民族在该类资源的民间分类、利用和管理的传统知识和经验进行系统的研究并有新的发现，在国内是首次，在国际上达到同类研究的较高水平。发表藤类新分类群 14 个，发现竹类新分类群 40 个；在国内外发表论文（含摘要）18 篇；推荐出适合发展的优良藤、竹种类；发现、总结和宣扬了勐宋哈尼族独创

的村社藤类保护林（Sangpabawa）这一合理利用和保护藤类资源的传统资源管理模式，这对生物资源的持续利用和保护及民族地区的经济发展具有指导意义。

12 月，冯梅、薛纪如《长舌香竹精油化学成分的研究》刊于《竹类研究》1991 年第 11 卷第 2 期 44 ～ 48 页。

是年，由西南林学院薛纪如、杨宇明等完成《黄竹干形、杆重结构的研究及计量数表研制》，该课题经过历时数年的野外实地考察和室内整理，对黄竹林的单位面积产量及群体数量进行切实的细致研究，科学地编制一元重量表、二元重量表、数量化地位质量表等，对竹林的合理经营及开发利用具有重要的实用价值。该研究还首次揭示了黄竹林的干形、杆重、含水率的变化规律，系统地编制了黄竹计量数表及规划设计用表，实现了黄竹数表系列化，为经营利用黄竹资源提供了计量标准和科学依据。它填补了国内大型竹林领域研究中的空白，具有国内先进水平。该成果用于资源调查规划，可提高工效 2 ～ 4 倍，平均调查精度达 93.7%，使用该成果累计节约调查经费 113.2 万元，经济效益显著。

• 1992 年

3 月 26 日，《深圳特区报》刊载陈锡添《东方风来满眼春——邓小平同志在深圳纪实》一文中记述了薛纪茹与水杉之事，原文是：小平同志说：“还有一种古代树种，叫水杉，现在全国都有了。有一棵很大的，在三峡附近。”说着，他还用手比划一下。植物园负责人陈潭清说：“是的。水杉树种距今约 7500 万年，是在三峡附近湖北省境内发现的。”在场的人都很佩服小平同志丰富的知识和记忆力。小平同志说的那棵很大的水杉，是 1946 年薛纪茹先生发现的，他采集了标本。1948 年，由胡先骕、郑万钧先生定名为水杉，公开发表，轰动了当时国际植物界。人们称此树种为活化石，这棵树胸径 2.4 米，高 35 米，在三峡附近湖北省利川市谋道这个地方。

是年春，《云南植物研究》第三届编委会成立。吴征镒任主编，周俊、臧穆任副主编，汤彦承、许再富、孙汉董、朱维明、李恒、李林初、李锡文、匡廷云、杨崇仁、陈灵芝、陈宗莲、陈延镛、郑光植、季本仁、张敖罗、姜汉侨、胡忠、郝小江、段金玉、贺善安、陶君容、徐任生、黄成就、裴盛基、薛纪如任编委，并增设所内 8 位编委为常务编委。

6 月，辉朝茂、薛纪如《中国竹亚科梨藤竹属的研究》刊于《植物分类学报》

1992年第30卷第2期163～168页。

6月，章伟平、薛纪如《方竹属的区系分析和部分种的考订》刊于《竹类研究》1992年第11卷第1期33～39页。

7月，云南省竹业协会正式成立，由薛纪如教授担任会长，杨宇明担任常务副会长，辉朝茂担任秘书长。省竹协挂靠省林业厅，其主要宗旨和任务是：团结和组织广大从事竹类研究和教学的科技工作者，关心、支持从事竹业的生产和管理工作者，联合有关竹类研究、竹林经营、竹产品开发、生产和销售的单位和企业，加强竹类科学研究、普及竹类先进技术、保护和发展竹类资源、扩大竹子的合理开发利用，提高其生态、经济和社会效益，促进竹产业发展，为振兴云南经济而奋斗。

7月2日，由西南林学院薛纪如、杨中润、张宗福、杨宇明、吴永昆、尹仲文、薛嘉榕等完成的《云南竹类资源现状与利用研究》通过云南省科委组织成果鉴定，该项研究摸清了云南的竹类资源（竹种、面积和蓄积），提出了开发利用云南竹林资源的方向和对策，完成了竹类快速繁殖技术较系统的研究，发现了许多新种和新类型。该成果获1992年云南政府科技进步三等奖。

8月，薛纪如、张宏建、吴永昆《我省以竹代木发展林纸生产前景广阔》刊于《云南林业》1992年第4期3～5页。

9月，《贵州森林》由中国林业出版社出版，薛纪如任《贵州森林》主审，其中《贵州森林》第789页刊登主审人薛纪如教授向《中国森林》编委会的报告（1987年）。

9月，由西南林学院薛纪如、杨宇明、薛嘉榕、汤家生、徐志辉、王建浩完成的《高黎贡山国家自然保护区综合科学考察》科技成果通过云南省林业厅组织的成果鉴定。该项科考是对高黎贡山自然保护区有史以来规模最大，研究最深的大型综合性考察。基本摸清了该区的地质地貌、气候、土壤、动植物种类、森林资源，植物等17项专题的现状、分布规律与特点；确定了重点保护对象及保护措施，对合理利用自然保护区自然资源进行了深入研究，同时对自然保护区的管理、建设等也作了研究和建议。

10月，王慷林、薛纪如《西双版纳竹类民族食品开发利用的探讨》刊于《自然资源》1992年第5期67～72页。

12月，薛纪如、辉朝茂《论云南竹业现状及竹类资源开发利用战略》刊于《竹

类研究》1992 年第 11 卷第 2 期 50 ～ 54 页。

12 月,《中国农业百科全书· 林业卷》荣获第六届全国优秀科技图书奖一等奖。

是年，西南林学院曹诚一（女）、薛纪如获国务院政府特殊津贴。

是年，薛纪如成为美国竹子协会国际终生荣誉会员。

是年，由西南林学院张宏健、杨开才、蔡邦智、刘成康、杨宇明、叶喜、周继、薛纪如等完成的《优质竹胶合板生产工艺和设备的研究》通过成果鉴定。该成果改变目前流行的低档竹编胶合板的纺织结构和竹层积材的炸裂结构，建立整幅式竹单板结构的高强优质竹胶合板的生产工艺，研究设计整幅拼接式竹单板的生产机床，为利用云南省竹资源，以竹代木，促进多竹山区的工业化脱贫致富提供成套新工艺和相应设备。

• 1993 年

1 月，杨雅玲、薛纪如《贵州竹亚科一新种》刊于《植物分类学报》1993 年第 31 卷第 1 期 68 ～ 69 页。新种赤水箬竹（*Indocalamus chishuiensis* Y.L.Yang et Hsueh）以其竿箨向下逐渐膨大，并密被白色向下疣基柔毛，叶鞘亦被白色向下疣基柔毛或有时脱落等特征而较孤立，不同于同属的其他成员。详细介绍赤水箬竹的形态特征。

4 月，王慷林、薛纪如《西双版纳竹类植物分布及其特点》刊于《植物研究》1993 年第 1 期 80 ～ 92 页。

8 月,《西南林学院学报》1993 年第 4 期第 298 页刊发《云南竹产业开发的指导性文献——云南竹类资源及其开发利用》一文。

10 月 21 日，经民政部批准，中国竹产业协会成立，中国林科院院长江泽慧任会长，薛纪如任第一届常务理事。

11 月 6 ～ 14 日，云南省首届全国竹业学术研讨会在“竹类的故乡”云南昆明举行。本次会议由中国林学会竹子分会和云南省竹业协会联合举办，云南竹类研究开发中心和西南林学院协办。

12 月，樊国盛、薛纪如《云南东南部松属植物分布的特点》刊于《广西植物》1993 年第 4 期 349 ～ 354 页。

• 1994 年

3 月 26 日，受林业部委托，云南省林业厅在昆明主持召开《云南高黎贡山国家级自然保护区总体设计》验收会议，会议由云南省林业厅副厅长凌鹤、吴广勋主持，邀请省政府办公厅、省计委、省财政厅有关处室，西南林学院、云南大学、中科院昆明生态所、昆明动物所、云南林业调查规划院等单位领导专家 60 余人参加会议，并组成以著名植物生态学家、西南林学院薛纪如教授为组长，云南大学金振洲教授、中科院昆明生态研究所副所长邱学忠研究员为副组长的专家验收组。通过专家评审，专家们一致认为高黎贡山国家级自然保护区总体设计符合有关规程要求，并达到国内同类设计的先进水平，予以验收。

4 月，王慷林、薛纪如《西双版纳竹类地理分布及类型的初步研究》刊于《广西植物》1994 年第 2 期 144 ~ 150 页。

4 月，李德铢、薛纪如、夏念和《西双版纳竹类地理分布及类型的初步研究》刊于《广西植物》1994 年第 14 卷第 2 期 144 ~ 150 页。

6 月，Hsueh C-J，Li D-Z《Five genera of Bambusoideae (Gramineae) recently discovered in Yunnan，China》刊于《Journal of American Bamboo Society》1994 年第 10 卷第 1、2 期 9 ~ 14 页。

6 月，曹光侠、薛纪如、朱永亮、唐续荣、诸葛仁编著《社会林业：原理、实践与展望》由云南科技出版社出版。

12 月，由西南林学院薛纪如、辉朝茂、杨宇明、杜凡、薛嘉榕完成的云南省科委应用基础研究基金项目《云南竹种资源主要材用竹种材性和快速繁殖技术研究》通过云南省科委组织的鉴定，获 1995 年云南省科技进步三等奖。云南竹类资源异常丰富，是世界竹类植物的起源地和现代分布中心，有“竹类的故乡”之誉。竹类资源的合理开发利用完全可以逐渐发展，本项目就是在这一背景下完成的，主要包括云南竹种资源、新分类群总结、主要材用竹种及其利用方向如龙竹（*Dendrocalamus giganteus*）、黄竹（*D. Membranaceus*）、香糯竹（*Cephallostachyum pergraeile*）、沙罗竹（*Schizostachyum furghomii*）、中华大节竹（*Indosasa sinicah*）等材用竹种竹林群落的面积、产量、分布、林分特征、计量数表、竹材物理力学性质和化学性质、产业化开发方案及经济评价、材用竹种快速繁殖和丰产培育技术等内容。

12 月 5 日，西南林学院遥感与信息研究所、竹类研究所、林业调查规划设

计研究所和热带生物资源研究所成立，薛纪如任竹类研究所所长。

是年，薛纪如、李德铢《Five Genera of Bambusoideae（Gramineae）Recently Found in Yunnan China》刊于《Bannboo in Asia and the Padfic》1994 年 15 ～ 17 页。

• 1995 年

5 月，西南林学院、云南省林业调查规划设计院、云南省林业厅主编，由李硅任编委会主任，薛纪如、伍聚奎、曹善寿任副主任的《高黎贡山自然保护区》由中国林业出版社出版。

9 月，薛纪如《竹类及其开发价值》载入西南林学院等编著、云南科技出版社出版的《云南竹类资源及其开发利用》1 ～ 4 页。

9 月，西南林学院、云南省科学技术委员会、云南省林业厅、云南竹类研究中心编著，薛纪如、杨宇明、辉朝茂等主编的《云南竹类资源及其开发利用》由云南科技出版社出版。其中在云南全省竹林总面积有 33.1×10^4 公顷，占全国竹林总面积的 4.7%，居全国第 9 位。天然竹林占全省竹林面积的 90%，居全国首位，其它产竹大省以人工经营竹林为主。云南竹类的记载从 20 世纪 50 年代《中国主要植物图说·禾本科》的 12 种增加到 28 属 220 种，云南属种总数分别占世界总数的 40% 和 25%，占中国总数的 75% 和 55%。该专著以丰富详实的资料和科学系统的分析证明云南是世界竹类植物的起源地和现代分布中心之一。云南也是世界上重要的天然竹林分布区，竹林面积达 33.1 万公顷，其中天然竹林占 90% 以上。

12 月，薛纪如、李德铢、夏念和建立贡山竹属（*Gaoligongshania* D.Z.Li, Hsueh & N.H.Xia）。李德铢、薛纪如、夏念和的《贡山竹属——我国云南竹亚科一新属》刊于《植物分类学报》1995 年第 6 期 597 ～ 602 页。新属贡山竹属（Gaoligongshania D.Z.Li，Hsueh et N.H.Xia）仅 1 种，产于中国西南云南省高黎贡山地区，为一次性发生的有限花序、灌木状竹类，叶片大型，叶耳显著，每节分枝单一且与主秆近等粗，秆箨宿存，子房无明显附属物，应属青篱竹亚族（Subtrib.Arundinarinae）。其区别于箬竹属（*Indocalamus*）的特征是地下茎短颈粗型，秆丛生，花序大型，小穗线形，柱头 3 裂；区别于单枝竹属（*Monocladus*）的特征是花序与小穗结构不同。

• 1996 年

8 月，中华人民共和国人事部专家司编、庄毅主编《中华人民共和国享受政府特殊津贴专家、学者、技术人员名录 1992 年卷第 2 分册》第 669 页刊登薛纪如事迹。

12 月 5 日，薛纪如主持《高黎贡山国家自然保护区综合科学调查及研究项目》获得林业部科技进步三等奖。

12 月，Li D–Z，Stapleton C.M.A.，Xue J–R.《A new combination in Ampelocalamus and notes on *A.patellaris*（Gramineae：Bambusoideae）》刊于《Kew Bulletin》1996 年第 51 卷第 4 期 809 ~ 813 页。

是年，薛纪如、李德铢编写《Gramineae（Poaceae）Bambusoideae Dendrocalamus》刊于《Science Press》出版的 Gen B–J，Wang Z–P《中国植物志》Tomus 9（1）152 ~ 196 页。

是年，薛纪如应美国竹子协会（the American Bamboo Society）邀请赴美国进行考察访问，参加在圣地亚哥举行的年会且被 IBA 授予国际荣誉会员称号（the International Honorary Membership by IBA），并在会上专题介绍了中国竹类资源状况，引起国外专家的重视并与中国建立了学术上的合作关系。美方特地安排他访问加利福尼亚州红木公园，并观看了加利福尼亚州最早引入栽培的水杉树。之后应邀访问哈佛大学标本馆，看到当年他所采的那份模式标本就珍藏在哈佛大学标本馆。

• 1997 年

9 月，Stapleton C.M.A.，D.Z.Li & J.R.Xue《A new combination in Cephalostachyum with notes on names in Neomicrocalamus（Gramineae–Bambusoideae）》刊于《Kew Bulletin》1997 年第 52 卷第 3 期 699 ~ 702 页。

12 月，辉朝茂、杨宇明、杜凡、薛纪如《中国滇西地区竹亚科一珍稀新种》刊于《植物分类学报》1997 年第 6 期 562 ~ 565 页。

是年，西南林学院竹子研究所成立，薛纪如教授为所长，研究所是中国西南地区唯一的最具科技实力专门从事竹子研究和竹子产业技术开发的专业科研机构。

是年，薛纪如、杨宇明、薛嘉榕、杜凡、辉朝茂等主持完成的云南省科委重大项目《云南珍稀特有竹种及种质园建立及其研究》通过云南省科委鉴定，该项

目对云南省特有、濒危、珍稀、稀有竹种进行系统研究，论述了珍稀特有保护竹种的概念、原则、标准和范围，提出云南珍稀特有竹种和竹类多样性保护和发展利用对策、引种保存竹种 80 余种，获得云南省科技进步二等奖。

• 1998 年

7 月，辉朝茂、杜凡、杨宇明、薛纪如《中国横断山区竹亚科箭竹属新分类群》刊于《植物研究》1998 年第 3 期 257 ～ 274 页。

12 月，云南省竹业协会、西南林学院竹类研究所《云南竹事五十年》一文刊于《云南林业》1998 年第 6 期 11 ～ 19 页，主要介绍以薛纪如教授为代表的云南省竹类学家们已经进行整整 50 年艰苦卓绝的工作。文中称：对于云南竹类资源及其开发利用的研究和探索、认识和呼吁，以薛纪如教授为代表的云南省竹类学家们已经进行整整五十年艰苦卓绝的工作！他们不知创造云南竹子的多少个“第一”，他们是云南竹类研究和开发的不屈不挠的开拓者。特别是 20 世纪 80 年代以来，在云南省科委、省林业厅和西南林学院的重视和支持下，在著名竹类学家薛纪如教授的带领下，西南林学院一批年轻科技人员，克服重重困难，发扬艰苦奋斗作风，历尽艰辛，以“学非报国枉为儒，竹不富民羞成业”的敬业精神，在云南竹类研究和开发领域开展卓有成效的工作，取得了显著的成果，他们先后承担或完成竹子科研项目数十项，其中 20 项获得省部级科技进步、自然科学奖或国家发明专利，编著出版竹类专著 8 部，发表学术论文 120 余篇，推动云南省竹类研究水平进入国内领先行列，有些成果达到国际先进水平，为云南省竹产业综合开发奠定坚实的科学基础。

• 1999 年

1 月，辉朝茂、杨宇明、杜凡、薛纪如《中国高黎贡山国家自然保护区竹亚科新分类群》刊于《林业科学》1999 年第 1 期 45 ～ 48 页。

4 月,《竹子研究汇刊》1999 年第 18 卷第 2 期 1 ～ 6 页刊登吴静波的文章《云南竹子第一人——记著名竹类学家薛纪如教授》。

4 月，杨宇明、辉朝茂、薛嘉榕、薛纪如《云南竹类植物地理分布区划研究》刊于《竹子研究汇刊》1999 年第 18 卷第 2 期 19 ～ 28 页。该文将中国竹林划分为五大竹区，即：北方散生竹区、江南混合竹区、西南高山竹区、南方丛生竹

区、琼滇攀援竹区。

5 月，辉朝茂、杨宇明、杜凡、薛纪如《云南竹亚科植物区系及其研究进展》刊于《竹子研究汇刊》1999 年第 2 期 29 ～ 41 页。

7 月 20 日，薛纪如不幸去世。西南林学院文件（西南林人字 [1999]5 号）关于薛纪如同志病故后有关丧葬补足费、抚恤金、遗属生活费发放的通知。通知确认从 1999 年 8 月起由财务处每月发给胡爱福生活困难补助费 190 元。薛纪如，教授，直隶（今河北）临城人，森林植物学家，竹类专家。1945 年毕业于中央大学森林系，1948 年获该校森林硕士学位。建国后，历任云南大学、昆明农林学院副教授、云南林学院、西南林学院教授，国务院学位委员会第二届学科评议组成员。中国民主同盟盟员。对森林生态学和生物多样性保护有较深入的实践与研究，尤其在竹类的研究方面作出突出的成绩，先后与他人共同发现、命名竹亚科香竹属、筇竹属、铁竹属、贡山竹属 4 个新属，60 多个新种，在云南发现泰竹属、空竹属、长穗竹属、泡竹属、巨竹属、梨藤竹属等 6 个中国新分布属，对西南竹类研究和云南竹产业的发展作出重大贡献。发表有《松属球果的簇生现象》等论文，共同主编《云南森林》，合编《云南树木图志》。

12 月，中国科学技术协会编、阳含熙主编《中国科学技术专家传略·林业卷 2》59 ～ 67 页收录薛纪如。

• 2000 年

8 月，姚继衡《悼薛纪如教授》刊于《浙江林业》2000 年第 4 期第 39 页。惊闻薛郎驾鹤去，万顷波涛涌心田。南北同窗六寒暑，东西神交五旬年。英年奉派水杉采，耄耋犹自竹馆肩。怆恨故人渐凋落，难忘最是嘉陵边。

• 2001 年

5 月 10 日，西南林学院生物多样性与自然保护中心、西南林学院现代林业工程研究院及西南林学院竹藤研究所成立。

9 月，《广西森林》由中国林业出版社出版，薛纪如任《广西森林》主审。

10 月 14 日，薛纪如之子、西南林学院工程师、竹类研究所副所长、云南省竹藤产业协会副秘书长薛嘉榕在外出完成科研任务途中因车祸抢救无效在弥勒县医院因公殉职，年仅 50 岁。

• 2002 年

6 月，云南省政协文史委员会编，黄恩德主编《云南文史资料选辑第 59 辑科教群英谱》457 ~ 463 页刊登薛纪如《热爱林业献身边疆》一文。

• 2003 年

9 月，中国科学院昆明植物所编著，李德铢、薛纪如、薛嘉榕、郭振华主编《云南植物志（第 9 卷·竹亚科）》由科学出版社出版。

• 2006 年

7 月，熊清华，艾怀森主编《高黎贡山自然与生物多样性研究》刊登李德铢、薛纪如、夏念和《贡山竹属——我国云南竹亚科一新属》一文。

• 2009 年

10 月，熊康宁主编《赤水丹霞地貌生态过程与生物多样性》出版，其中薛纪如完成《赤水桫椤自然保护区竹类植物资源》、杨雅玲与薛纪如完成《贵州竹亚科一新种》分别刊于 466 ~ 471 页、472 ~ 473 页。

• 2010 年

是年，杨宇明、辉朝茂主编《中国竹类：文化 资源 培育 利用》（TECHNICAL EPORT NO.33）由国际竹藤组织（INBAR）支持出版，薛纪如为该书作序，时间是 1999 年 9 月。书的扉页上写着：本书谨献给敬爱的导师、著名林学家和竹类学家薛纪如教授。1999 年 9 月系编辑所误。

• 2014 年

10 月，薛纪如次女薛嘉慈在父亲去世 15 年时写的纪念文章《父辈的足迹》，刊于《云南盟史》2014 年第 10 期。

• 2017 年

8 月，云南省科技厅科技宣传教育中心、云南省老科技工作者协会编《云南省杰出科技专家传略（二）》由云南科技出版社出版。云南农业大学分会有张海秋、

诸宝楚、蔡克华、徐天骝、段永嘉、瞿明宙、咎维廉、肖常斐 8 位专家入选，云南大学分会有熊庆来、卫念祖、张其濬、王树勋、赵雁来、曲仲湘、朱彦丞 7 位专家入选，西南林业大学分会有徐永椿、薛纪如、任玮、曹诚一、杨元昌、吴铱 6 位专家入选。《千磨万击还坚劲——西南林业大学著名森林植物学、竹类专家薛纪如》由西南林业大学老科协供稿，其中记载的薛纪如的出生和去世时间为（1921.11 ~ 1999.10），去世时间记载有误。

• 2018 年

10 月 12 日，李德铢、张玉霄确认“贵州悬竹”代表了青篱竹族藤本竹类一个独特的新属并命名为纪如竹属（Hsuehochloa D.Z.Li &Y.X.Zhang），以纪念薛纪如教授为中国西南竹子研究做出的开拓性贡献。Yu-Xiao Zhang，Peng-Fei Ma，De-Zhu Li《A new genus of temperate woody bamboos（Poaceae，Bambusoideae，Arundinarieae）from a limestone montane area of China》刊于 2018 年《PhytoKeys》第 109 期 67 ~ 76 页，文中描述了纪如竹（*Hsuehochloa calcarea*（C. D.Chu & C.S.Chao）D.Z.Li & Y.X.Zhang）的形态特征。

11 月，西南林业大学“四大名师”——徐永椿、任玮、曹诚一、薛纪如雕像在西南林业大学校园内落成。

11 月 21 日，《中国绿色时报》第 3 版刊登《树木树人 至真至善——纪念西南林业大学办学 80 周年暨建校 60 周年》一文，文中称：“四大名师”是西林特色文化的生动诠释者。中国现代林业教育家、树木学家徐永椿（1910 ～ 1993 年）倾其一生心血，累积标本 10 万件，相继撰述《云南壳斗科的分类与分布》《云南植物志》《西藏植物志》，发表壳斗科新种 20 余个、新组合 50 余个、种的新分布记录 10 余个，对我国壳斗科研究做了很多订正补充工作，主编的《云南树木图志》荣获第二届中国林学会梁希奖。中国现代林业教育家、森林病理学家任玮（1918 ～ 1993 年）勇于开拓、精心育人，苦心经营森林病害标本和真菌标本 6000 多份，抱病主持编写《云南森林病害》专业巨著，列出云南常见林木病害名录和常见立木腐朽菌名录。著名林业教育家、昆虫学家曹诚一（1916 ～ 1995 年），毕生从事昆虫教研，代表作《云南的烟潜叶蛾及其近似种烟草瘿蛾》曾列入国家级研究成果，参加编写的《中国农业百科全书·林业卷》荣获第六届全国科技图书一等奖，命名瓢虫科新种 21 个，发表新种记录 56 个，出版《云南瓢

虫志》，科研成果达到国际水平。著名林业教育家、植物学家和竹类专家薛纪如（1921～1999年）桃李满天下，采得完整“活化石”水杉标本（现存美国哈佛大学标本馆），与有关学者共同发布香竹属、筇竹属等3个新属，空竹属、泰竹属和长穗属等6个属在中国的新分布，以及竹亚科数十个新种，证明云南竹类有220余种，发布裸子植物2个新种和变种，主编《云南森林》《云南竹类资源及其开发利用》《高黎贡山国家自然保护区》等专著。

后记

本年谱是10年资料收集、整理和编撰的结果，这完全是一种自发自愿的行动。年谱资料收集得到中国第二历史档案馆、国家林业和草原局档案室、云南大学、云南农业大学、西南林业大学、北京农业大学、北京林业大学、九三学社云南省委员会、中国民主同盟云南省委员会以及关心年谱编写的各位同仁及亲属的大力支持，没有这种支持，这部年谱肯定是完不成的，在此对来自各方的帮助表示十分感谢。

我老家湖北均州有句古语，人只有站在一起才能比出高矮。薛纪如、曲仲湘是水杉的早期研究者，对水杉分类学、水杉生态学研究起到了奠基性贡献。在年谱资料收集和整理的过程中，我们不仅学到了知识，而且身心也受到锤炼，从他们的经历汲取了丰富的营养，高山仰止，见贤思齐，激励着我们健康向前。张福延、曲仲湘、徐永椿、任玮、曹诚一、薛纪如，他们不仅都是教师，而且都是学校的灵魂，学校的符号。学习、总结他们的事迹与历程也是提高我们自己修养的过程。

西山苍苍，滇水茫茫。云南大学农学院森林系自1939年8月成立，先后历经昆明农林学院、云南林学院、昆明农林学院、云南林业学院、云南林学院、西南林学院，现在为西南林业大学，经历多次搬迁，反复撤并，数度更名，艰苦卓绝，凤凰磐涅，在历史的长河中砥砺前行。就是在这种境况下，他们都承受着，不忘初心，以惊人的毅力为国家工作着、为人民工作着、为云南工作着，为教育工作着，为林业工作着，为什么？这就是他们品格高尚，热爱祖国、热爱人民、热爱边疆、热爱教育、热爱林业，他们有理想，有学识，有精神，有动力，艰苦奋斗，致育致学，我们应该讴歌他们。

森林利益关系国计民生，至为重大。今年是云南林业高等教育创设80周年，也是中华人民共和国成立70周年，年谱的出版不仅是对云南林业科学教育的先驱和开拓者的纪念，同时也激励我们艰苦奋斗、致育致学，把这种精神带到学习和工作中并不断放大，成为谱写林业发展新篇章的直接动力。

王希群

2019年3月20日记于中国林业科学研究院